송승룡
현) 실천닷컴 영어 대표강사 현) 비티타임즈 대표 논설위원
성균관대졸, 국제영어대학원대학교 석사과정 교재개발학과 전공

김한나
현) ㈜이은재 어학원 강사 현) ㈜비상 교육 온라인 그래머 강사
이화여대졸, 모자이크 EBS 변형문제 출제위원

김현우
현) 껌학원 원장 현) 영어 입시교재 집필진 B2Basics
서울대졸, EBS 영어지문 3초 써머리(쏠티북스) 외 집필

김형규
현) 저자집단 '지식을 꽃피우다' 대표 현) 에듀션(http://educean.com) 대표
내공 중학영단어(다락원), 시험영문법(디딤돌) 외 집필

이건희
현) 쥬기스(http://jugis.co.kr) 대표
내공 중학영문법(다락원), 내공 중학영단어(다락원) 외 집필

내공 중학 영어구문 3

지은이 송승룡, 김한나, 김현우, 김형규, 이건희
펴낸이 정규도
펴낸곳 (주)다락원

초판 1쇄 발행 2016년 11월 21일
초판 5쇄 발행 2024년 10월 18일

책임편집 김지은, 이동호
디자인 구수정
영문 감수 Jonathan McClelland
삽화 김영진
조판 포레스트

다락원 경기도 파주시 문발로 211
내용문의 (02)736-2031 내선 504
구입문의 (02)736-2031 내선 250~252

Fax (02)732-2037
출판등록 1977년 9월 16일 제406-2008-000007호

ISBN 978-89-277-0793-6 54740
       978-89-277-0790-5 54740(set)

http://www.darakwon.co.kr

다락원 홈페이지를 방문하시면 상세한 출판정보와 함께
동영상강좌, MP3 자료 등 다양한 어학 정보를 얻으실 수 있습니다.

DARAKWON

구성과 특징

시리즈 구성

내공 중학영어구문은 중학교 교과과정의 필수구문을 3레벨로 나누어 수록하고 있습니다. 각각의 레벨은 본책과
책 속의 책 형태의 워크북이 제공됩니다. 본책은 기본적으로 15개의 예문으로 구성되어 있으며 예문의 난이도는
뒷 번호로 갈수록 약간씩 높아지도록 구성하였습니다. 본책에 책 속의 책 형태로 제공되는 워크북은 본책에서 학습한
예문을 활용한, 난이도가 다른 세 가지 유형의 문제 12개로 구성되어 있습니다.

특징

1 기본 교과과정에 충실

내신 성적 향상에 토대가 되도록 중학교
교과과정에 충실한 알찬 구문으로 시험에 확실히
대비하도록 설계되었습니다.

2 한 눈에 보는 대표예문

대표예문은 각 Unit의 가장 대표성을 띄는
중간난이도로 마련하였으며, 대표예문의 통문장
암기로 해당 Unit을 완전히 내 것으로 만들 수
있습니다.

3 지루하지 않은 학습

명언, 속담, 인용구와 더불어 대화형 예문, 위트
넘치는 예문, 그리고 QR코드를 통해 노래로 익힐
수 있도록 학습을 지루하지 않게 구성했습니다.

4 고리문장을 통한 독해력 향상

각 Unit 별로 고리문장을 연결하면 하나의
독해가 완성되어, 독해로 가는 가교역할을 하는
구문학습에 최적화되어 있습니다.

5 깔끔한 테스트

본책에서 구문학습 확인을 위한 필수 3문항과,
워크북에서 재확인을 위해 12문항씩 테스트를
제공합니다.

6 유용한 교사용 자료 제공

단어목록, MP3파일, 영작 및 해석 연습을 위한
테스트지 등 다양한 부가학습자료를 다락원
홈페이지에서 무료로 다운로드 할 수 있습니다.

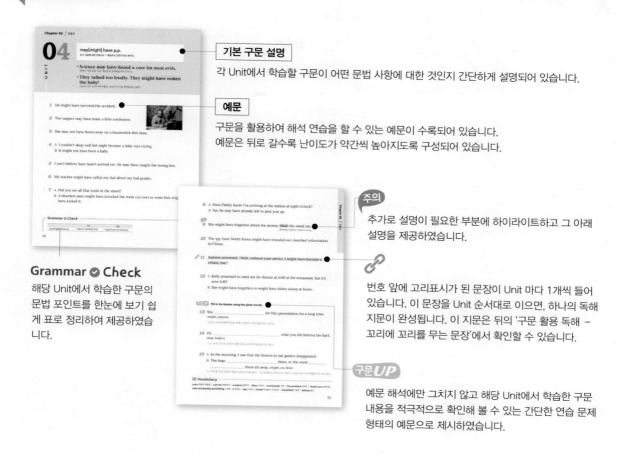

기본 구문 설명

각 Unit에서 학습할 구문이 어떤 문법 사항에 대한 것인지 간단하게 설명되어 있습니다.

예문

구문을 활용하여 해석 연습을 할 수 있는 예문이 수록되어 있습니다.
예문은 뒤로 갈수록 난이도가 약간씩 높아지도록 구성되어 있습니다.

추의

추가로 설명이 필요한 부분에 하이라이트하고 그 아래 설명을 제공하였습니다.

번호 앞에 고리표시가 된 문장이 Unit 마다 1개씩 들어 있습니다. 이 문장을 Unit 순서대로 이으면, 하나의 독해 지문이 완성됩니다. 이 지문은 뒤의 '구문 활용 독해 – 꼬리에 꼬리를 무는 문장'에서 확인할 수 있습니다.

구문 UP

예문 해석에만 그치지 않고 해당 Unit에서 학습한 구문 내용을 적극적으로 확인해 볼 수 있는 간단한 연습 문제 형태의 예문으로 제시하였습니다.

Grammar ✅ Check

해당 Unit에서 학습한 구문의 문법 포인트를 한눈에 보기 쉽게 표로 정리하여 제공하였습니다.

구 문 활 용 독 해

꼬리에 꼬리를 무는 문장

각 Unit 마다 제공한 고리문장을 이어서 완성한 스토리로, 약 3~4개 Chapter 당 하나씩 등장합니다. 각 문장 뒤에 표시된 번호는 해당 문장이 수록된 Unit으로, 교재에서 학습한 구문을 이 지문에 활용하여 실제 해석을 해볼 수 있습니다. 지문 관련 독해 문제를 3개 제공하여, 실제 구문을 활용하여 독해를 하고, 독해한 내용으로 문제를 푸는 연습을 할 수 있습니다.

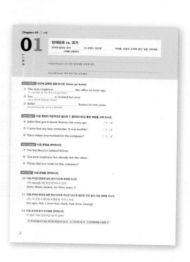

워크북의 구성

워크북은 네 개의 난이도가 다른 문제 유형 – Let's Walk!, Lets Run!, Let's Jump!, Let's Fly! – 으로 구성되어 있습니다. 본책과 동일한 Unit의 예문을 100% 활용한 문제를 제공하여 학생들이 학습한 내용을 바로 확인해 볼 수 있도록 구성하였습니다.

01

UNIT

현재완료 vs. 과거

과거에 일어난 일이 현재와 관련이 있으면 현재완료시제를, 단순히 과거에 끝난 일을 나타내면 과거시제를 사용한다.

- **Cindy and Lily have studied Korean for two years.**
  Cindy와 Lily는 2년 동안 한국어를 공부해왔다.

- **Peter and Eric studied Korean yesterday.**
  Peter와 Eric은 어제 한국어를 공부했다.

1 Sue has been to Iceland before.

2 Sue went to Iceland last year.

3 The new employee has already left the office.

4 The new employee left the office an hour ago.

5 Juliet has known Romeo for ten years.

6 Juliet first got to know Romeo ten years ago.

Grammar ✓ Check

상황	현재완료시제를 쓰는 경우	과거시제를 쓰는 경우
과거의 일이 ~	현재도 지속될 때 (현재도 선생님이다) She has been a teacher for ten years.	과거에 끝났을 때 (현재는 더 이상 선생님이 아니라는 뜻 내포) She was a teacher for ten years.
	현재까지 영향을 미칠 때 (현재도 잃어버린 상태이다) I have lost my wallet.	현재와는 무관할 때 (현재는 어떤 상태인지 모른다) I lost my wallet.
	현재와 너무나도 가까울 때 (막 떠났기 때문에 따라잡을 수 있다) She has just left the office.	현재와 거리가 먼 과거의 일 (떠난 지 좀 되어서 만나기 어렵다) She left the office two hours ago.
	일어났는지 여부를 물을 때 Have you done your science homework?	일어난 때를 물을 때 (when으로 시작하는 의문문은 완료형을 쓰지 못한다) When did you do your homework?

7   I've lost my keys! I can't get into my house now.

8   I lost my keys yesterday. It was terrible!

주의
9   Since when have you worked for the company?
특정시점을 나타내는 when도 since가 쓰이면 현재완료형을 쓸 수 있어요.

10   When did you work for the company?

🔗 **11**   The God of Inner Power said to Andrew, "You have done an amazing thing saving those people!"

12   I have had this black dress for ages. I've worn it many times. I bought it when I went to Hong Kong.

구문 **UP**   **Fill in the blanks using the given words.**

13   He _____ the bus and then he _____ his airplane, too. (miss)
그는 버스를 놓치고 나서 비행기도 놓쳤다.

14   I _____ _____ Brian for three years. We still meet once a month.
나는 Brian을 3년 동안 알아오고 있어. 우리는 여전히 한 달에 한 번 만나.

15   A   Have you _____ the movie, *Mission Impossible*? (see)
  B   Yes, I _____.
  A   When did you see it?
  B   I _____ it last month.
A: 너 영화 '미션 임파서블' 본 적 있어?   B: 응 봤지.   A: 언제 봤어?   B: 지난달에 봤어.

💬 Vocabulary

new employee 신입사원 | get to know 알게 되다 | terrible 끔찍한 | amazing 놀라운 | for ages 오랫동안

02

UNIT

현재완료 진행

과거에 시작된 일이 현재까지 계속되는 상황에 사용한다.

- **It has been raining for a week.**
  일주일 동안 비가 오고 있다.
- **Sally has been playing the piano since she was five.**
  Sally는 다섯 살 때부터 피아노를 쳤다.

1 Jessica has been crying for hours.

2 We have been supporting my father since he retired.

3 I'm so tired. I haven't been sleeping well these days.

4 Dad has been driving for five hours. He must be sleepy.

5 A You look so bad. What's wrong?
   B I've been making this blog all day.

6 Lucas has been trying to prove that he is not a coward.

7 Dawon has been working at the convenience store for two months.

Grammar ✓ Check

시제	현재완료	현재완료진행
형태	have + p.p.	have → p.p. be → -ing have + been + -ing
의미상 차이	과거의 일이 현재까지 영향을 준다.	과거에 시작한 동작이 현재까지도 계속 진행 중인 것을 강조한다.

8 Why hasn't Nancy been taking her medicine for the last two days?

9 Jinny has been thinking about getting a cat. But she is not sure yet.

🔗 **10** "You have been using your inner power not for yourself but for other people."

11 Where have you been? I have been looking for you for half an hour.

주의
12 My computer has been running on the battery for almost four hours. I should plug it in soon.

이어동사에서 대명사는 중간에 써야 해요.

구문UP **Fill in the blanks using the given words in present perfect progressive**(현재완료진행형).

13 We _____ _____ _____ for Lena for so long. (wait)

우리는 Lena를 오랫동안 기다려 왔다.

14 A How long _____ they _____ _____ on the phone? (talk)
B At least more than an hour.

A: 그들은 얼마나 오랫동안 통화를 하는 중이니? B: 적어도 한 시간 이상이야.

15 Yuki _____ _____ _____ an amateur orchestra since 2013.
(conduct)

Yuki는 2013년부터 아마추어 오케스트라를 지휘해 오고 있다.

💬 **Vocabulary** |||||||||||||||||||||||||||||||||||||||||||||||||||||||||||||||||||||||||||||||||||||||||||

support 부양하다 | **retire** 은퇴하다 | **these days** 요즘에 | **prove** 입증하다 | **coward** 겁쟁이 | **convenience** 편의, 편리함 | **half an hour** 30분 | **plug in** 플러그를 꽂다 | **at least** 적어도 | **conduct** 지휘하다 | **amateur** 취미로 하는, 아마추어의 | **orchestra** 오케스트라, 관현악단

03

과거완료
과거의 어느 시점에서 발생한 사건이 과거의 기준 시점까지 영향을 미치거나, 과거 기준 시점보다 더 이전에 일어난 일을 나타낸다.

- **Kate had injured her leg and couldn't walk.**
  Kate는 다리를 다쳐서 걸을 수가 없다.
- **He lost the cap he had bought the day before yesterday.**
  그는 그저께 산 모자를 잃어버렸다.

1 We had just caught a taxi when it started to rain.

2 She had lived here for seven years until her husband passed away.

3 We hurried back to see our favorite player, but she had gone.

4 A Had you ever met him before you met me?
   B No, I hadn't met him before I met you.

5 The exam period had already finished when I entered the classroom.

6 His father was worn out because he had run ten miles in the marathon.

Grammar ✔ Check

긍정문	주어 + had + p.p. ~.		
부정문	주어 + had + not/never + p.p. ~.		
의문문	Had + 주어 + p.p. ~?		
	대답	긍정	Yes, 주어 + had.
		부정	No, 주어 + hadn't.

	의미	함께 자주 쓰이는 표현
경험	~한 적이 있었다	ever, never, before, once, twice
계속	~해오고 있었다	for, since, how long
완료	막 ~했었다	just, already, yet
결과	~해버렸었다(그래서 …했었다)	go, come, leave, lose, buy

7 The injured man had been dead when the ambulance arrived at the hospital.

8 Because he hadn't watered the roses, they started to wither.

9 My mom was angry because she had already called us for dinner three times.

10 A I met Alicia last weekend, and she looked gorgeous.
   B I heard she had been on a diet earlier this year.

11 "The other superheroes had not been as successful at using their powers as you were!"

12 (announcement) The plane had landed before the bomb exploded, so most of the passengers were safe.

구문 **UP** Fill in the blanks using the given words.

13 Maria _____ already _____ home when the package _____.
(leave, arrive)

택배가 도착했을 때, Maria는 이미 집을 떠났었다.

14 When I _____ _____, I saw that my husband _____ _____ breakfast. (wake up, make)

내가 일어났을 때, 남편이 아침을 만들어 놓은 것을 보았다.

15 Five minutes after leaving my house, I _____ I _____ _____ the front door. (realize, lock)

집을 나오고 오 분 뒤, 나는 내가 앞문을 잠그지 않은 것을 깨달았다.

📋 **Vocabulary**

pass away 죽다 | **worn out** (특히 힘든 노동·운동으로) 매우 지친 | **wither** 시들다 | **gorgeous** 아주 멋진

04

UNIT

may[might] have p.p.
과거 사실에 대한 추측으로 '~했을지도 모른다'라는 뜻이다.

- **Science may have found a cure for most evils.**
  과학이 거의 모든 악의 치료약을 찾아냈을지도 모른다.

- **They talked too loudly. They might have woken the baby!**
  그들은 너무 크게 이야기했다. 그들이 아기를 깨웠을지도 몰라!

1 He might have survived the accident.

2 The suspect may have made a false confession.

3 She may not have flown away on a broomstick this time.

4 A I couldn't sleep well last night because a baby was crying.
   B It might not have been a baby.

5 I can't believe Sean hasn't arrived yet. He may have caught the wrong bus.

6 My teacher might have called my dad about my bad grades.

7 A Did you see all that trash in the street?
   B A drunken man might have knocked the trash can over or some kids might have kicked it.

Grammar ✓ Check

	의미	부정
may[might] have p.p.	~했을지도 모른다(약한 추측)	might[may] not have p.p.

8 A Does Daddy know I'm arriving at the station at eight o'clock?

B Yes, he may have already left to pick you up.

주의

9 She might have forgotten about the money (that) she owed me.

관계대명사 목적격이 생략되어 있어요.

10 The spy from North Korea might have revealed our classified information to China.

🔗 **11** Andrew answered, "Well, without your advice, I might have become a villain, too."

12 A Kelly promised to meet me for dinner at 6:00 at the restaurant, but it's now 6:40!

B She might have forgotten or might have fallen asleep at home.

구문 UP Fill in the blanks using the given words.

13 She _____ _____ _____ for this presentation for a long time.
(might, prepare)

그녀는 이 프레젠테이션을 위해 오랫동안 준비 했을지도 모른다.

14 He _____ _____ _____ _____ what you did behind his back.
(may, forgive)

그는 네가 그의 등 뒤에서 했던 것을 용서하지 않았을지도 몰라.

15 A In the morning, I saw that the flowers in my garden disappeared.

B The bugs _____ _____ _____ them, or the wind _____ _____ _____ them all away. (might, eat, blow)

A: 아침에, 우리 정원의 꽃들이 없어진 것을 봤어.　B: 벌레들이 먹었거나, 바람이 그것을 모두 날려버렸을지도 모르겠다.

💬 **Vocabulary**

cure 치료제, 치료법 | **survive** 생존하다 | **suspect** 용의자 | **false** 거짓의 | **confession** 자백 | **broomstick** 빗자루 | **trash can** 쓰레기통 | **owe somebody something** ~에게 …을 빚지다 | **spy** 스파이 | **reveal** 누설하다, 드러내다 | **classified** 기밀의 | **advice** 충고

05

should have p.p.
과거 사실에 대한 후회나 유감으로 '~했어야 했다'라는 뜻이다.

UNIT

- ● **You should have cut these trees before.**
  넌 전에 이 나무들을 잘랐어야 했다.

- ● **I shouldn't have eaten so much chocolate.**
  너무 많은 초콜릿을 먹지 말았어야 했는데.

1 Mom You should have listened to Mom.

2 I shouldn't have met you in the first place...

3 He shouldn't have wasted his youth like that.

4 The coach was right. We should have followed his directions.

주의
5 We are lost. We should have downloaded a map.
lost는 '졌다'의 의미지만 be lost는 '길을 잃다'의 의미예요.

🔗 **6** "Ahh... Jake should have been here with me during the battle..."

7 Alice in Wonderland should have never trusted
the White Rabbit.

Grammar ✔ Check

	의미	부정
should have p.p.	~했어야 했다(후회, 유감)	should not have p.p.

8 I should've said 'No, never', but instead I said 'Yes, please'.

9 You should have helped me. Why did you just sit and watch?

10 A I shouldn't have yelled at you yesterday. I'm sorry.
B (yelling) APOLOGY ACCEPTED!

11 He should have gone to a doctor before getting lung cancer.

12 It was a surprise party! They should have kept quiet till she came in.

구문**UP** **Fill in the blanks using the given words.**

13 I _____ _____ _____ _____ what you promised. (believe)
네가 한 약속을 믿지 말았어야 했는데.

14 I _____ _____ _____ to bed earlier to see you in my dreams. (go)
꿈에서 너를 보기 위해서 잠자리에 빨리 들었어야 했는데.

주의
15 The chef _____ _____ _____ that the guests don't eat pork.

일상적인 습관은 늘 현재시제로 써요.

They are Jewish. (remember)
요리사는 방문객들이 돼지고기를 먹지 않는다는 것을 기억했어야 했어. 그들은 유대인이야.

💬 **Vocabulary** |||||||||||||||||||||||||||||||||||||||||||||||||||||||||||||||||||||||||||||||||||||||||||||

in the first place 애초에 | **youth** 청춘, 젊음 | **direction** 지시, 지도 | **yell** 소리 지르다 | **Apology accepted.** 사과 받아줄게. | **lung** 폐 |
Jewish 유대인

06

UNIT

must have p.p. vs. can't have p.p.

과거 사실에 대한 강한 추측으로 「must have + p.p.」는 '~했음에 틀림없다'라는 뜻이고, 「can't have + p.p.」는 부정의 추측으로 '~했을 리가 없다'라는 뜻이다.

- **Sohee is so intelligent that she must have written the essay.**
  소희는 매우 지적이어서 그 수필을 썼음에 틀림없다.

- **She can't have slept through all that noise.**
  그녀가 그런 시끄러움 속에서 잠들었을 리가 없었다.

1 It must've been love, but it's over now.

2 He cannot have done such a generous thing.
such a 형용사 명사의 어순에 유의해야 해요.

3 Girl 1 Look at that girl. She must have gotten a nose job.
  Girl 2 Yeah, it looks so unnatural.

4 You cannot have been very cute when you were a child.

5 You must have spent a lot of time painting your nails.

6 This awesome photo must have been taken right after the concert.
사진은 '찍히는 것'이므로 수동형으로 써야 해요.

7 My uncle can't have bought the toy today because the shops are closed.

Grammar ⊘ Check

	의미	부정
must have p.p.	~했음에 틀림없다(강한 추측)	can't have p.p.(~했을 리가 없다)

8 It must have rained a lot last night. There are puddles everywhere.

9 Liam's car was parked in front of my house. He can't have been in the dorm.

10 Look at Sebin's suntan. She must have gone somewhere tropical for vacation.

11 Leo cannot have met another girl. He was with me all the time. Ah, don't you know he is a twin?

🔗 **12** "He must have overslept this morning. It's strange. We always meet here to take the subway to school together."

구문UP Fill in the blanks using the given words.

13 You didn't find it? Then someone _____ _____ _____ it away. (throw)

그것을 못 찾았다고? 그럼 누군가 그것을 버렸음에 틀림없어.

14 Where is my striped shirt? My sister _____ _____ _____ it without telling me again. (take)

내 줄무늬 셔츠가 어디 있지? 내 여동생이 나에게 얘기도 안 하고 그것을 또 가져간 게 틀림없어.

15 A I saw Carmen last night at the gym.

B You _____ _____ _____ her! She's away on her honeymoon.
(see)

You _____ _____ _____ someone else. (see)

A: 난 어젯밤에 체육관에서 Carmen을 봤어.
B: 네가 그녀를 보았을 리가 없어. 그녀는 신혼여행중이야. 넌 다른 사람을 봤음에 틀림없어.

💬 **Vocabulary** ||||||||||||||||||||||||||||||||||||||||||||||||||||||||||||||||||||||||||||||||||||||||||

intelligent 지적인 | **be over** 끝나다 | **generous** 관대한 | **nose job** 코 성형수술 | **spend** 시간 **-ing** -ing하는데 시간을 보내다 | **awesome** 굉장한 | **puddle** 물웅덩이 | **dorm** 기숙사 | **tropical** 열대 지방의, 열대의 | **all the time** 줄곧, 내내 | **throw away** 버리다 | **striped** 줄무늬의

UNIT

조동사가 있는 문장의 수동태
「조동사 + 동사원형」은 「조동사 + be + p.p.」의 형태로 바뀐다.

- **This homework must be finished by Friday.**
  이 숙제는 금요일까지 끝마쳐져야 한다.

- **This sentence can be turned into the passive form.**
  이 문장은 수동태로 바뀌어 질 수 있다.

1 Our lives will be controlled by technology.

2 Photos may be taken during this performance.

3 The Big Dipper can be seen from here on a clear day.

4 This medication shouldn't be taken on an empty stomach.

5 A This mission must be kept secret among us.
   B Roger that, commander!

6 The drone can be operated by eye movement.

7 The same mistake should not be made again.

Grammar ✓ Check

형태	조동사 + be p.p.	
조동사 be p.p.	can, may, must, will, shall, could, might, would, should	+ be p.p.

8 These samples must not be exposed to contamination.

9 This recipe can be made with margarine instead of butter.

10 A great deal of meaning can be conveyed by a few well-chosen words.

🔗 11 The God said, "He might be exhausted from staying up all night studying for mid-terms."

12 The iPhone must be returned in its original packaging, including any accessories, manuals, and documentation.

구문UP **Fill in the blanks using the given words.**

13 Your calling plan _____ _____ _____ without notice. (may, change)
귀하의 전화 요금제는 예고 없이 수정될 수도 있습니다.

14 Popular songs _____ _____ _____ _____ without permission.
(should, adapt)
대중가요 노래들은 허가 없이 개작되어서는 안된다.

15 This is a simple software which _____ _____ _____ for educational purposes. (can, use)
이것은 교육적 목적들을 위해 사용될 수 있는 간단한 프로그램입니다.

💬 **Vocabulary**

performance 공연 | **Big Dipper** 북두칠성 | **medication** 약 | **empty stomach** 공복 | **roger that** (교신) 알겠다 | **commander** 사령관 | **operate** 작동하다 | **movement** 움직임 | **expose** 노출하다 | **contamination** 오염 | **recipe** 요리법 | **instead of** ~대신에 | **a great deal of** 많은 | **convey** 전달하다 | **original** 원래의 | **packaging** 포장 | **including** ~을 포함하여 | **documentation** 서류 | **calling plan** 전화 요금제 | **popular song** 대중가요 | **adapt** 개작하다, 변형하다 | **permission** 허가, 허락 | **purpose** 목적

08

UNIT

4형식 문장의 수동태
목적어가 두 개이므로 간접목적어가 주어이거나 직접목적어가 주어인 경우가 있다.

- **A gold ring was given to her by Minsu.**
  금반지가 민수에 의해 그녀에게 주어졌다.
- **The teacher was asked a very difficult question by the students.**
  그 선생님은 학생들에게 매우 어려운 질문을 받았다.

1 A free doughnut was given to each of us.

주의
2 The paper ship was made for me by Dad.
buy, write, make, write 등은 직접목적어만이 수동태 주어가 되어요.

3 A private question was asked of the singer by the reporter.

4 The homeless were promised new houses by the mayor.

5 The old airplane was shown to a master mechanic for inspection.

6 A small pond was built for my children by my husband.

Grammar ✓ Check

수동태1	She was given a pen by him.		능동태의 간접목적어 → 수동태의 주어 능동태의 직접목적어 → 수동태의 목적어
	수동태1로 만들 수 없는 동사		make, buy, cook, get, sing, find 등
능동태	He gave her a pen.		주어 동사 간접목적어 직접목적어
수동태2	A pen was given to her by him.		능동태의 직접목적어 → 수동태의 주어 능동태의 간접목적어 → 수동태의 부사구 (전치사 삽입)
전치사로	to를 쓰는 동사	give, teach, send, sell, write, show, pass, bring 등	
	for를 쓰는 동사	make, buy, cook, get, sing, find 등	
	of를 쓰는 동사	ask	

7 The side kick was taught to me by an elderly man next door.

8 At last, Amy's lost dog was found for her by the police.

9 The reason why the letter was written to the servant was not recorded.

10 Dad Were you given the allowance for this week by Mom?
  Son No. You should give it to me.

11 I was offered a job by Ford. Lunch is on me today! What do you want to have?

12 Calling Jake's home, Andrew said, "It's already late. A punishment will be given to him."

구문UP Fill in the blanks using the given words.

13 The Statue of Liberty _____ _____ _____ the United States by France. (give)
미국은 프랑스에 의해 자유의 여신상을 받았다.

14 This new camera _____ _____ _____ her for her 19ᵗʰ birthday. (buy)
이 새로 나온 카메라가 그녀의 19번째 생일을 위해서 그녀에게 사졌다.

15 When a question _____ _____ _____ him about the accident, he felt very embarrassed. (ask)
그가 그 사고에 대한 질문을 받았을 때 그는 매우 당황스러워했다.

💬 **Vocabulary**

private 사적인, 사생활의 | **master mechanic** 기능장 | **inspection** 검사 | **pond** 연못 | **side kick** 옆차기 | **allowance** 용돈 | **Lunch is on me.** 점심은 제가 살게요. | **punishment** 벌칙, 처벌

5형식 문장의 수동태

목적어가 주어로 이동하므로 「주어 + be + p.p. + 보어」의 형태가 된다.

- **Cindy was made a dentist by her parents.**
  Cindy는 그녀의 부모님에 의해 치과의사가 되었다.

- **They were allowed to go home by their teacher.**
  그들은 선생님에 의해 집으로 가는 것이 허용되었다.

1 My dog was named Nabi by me.

2 A soldier was found dead in the forest.

3 Unfortunately, Jack wasn't elected their first leader.

4 From now on, your silence will be considered your consent.

5 The statue has been kept intact despite the two big wars.

6 She wasn't allowed to have a boyfriend by her father.

7 The accused was proven innocent by the evidence.

Grammar ✔ Check

주요 5형식 동사	목적격 보어	수동태 전환법			
make, keep, find, paint, consider, leave, elect, call, name	명사/형용사	주어 동사	목적어	명사/형용사	
		주어 be+p.p.		명사/형용사	(by+목적격)
tell, ask, expect, allow, advise, cause, help	to부정사	주어 동사	목적어	to부정사	
		주어 be+p.p.	to부정사		(by+목적격)
사역동사(make, have), *cf.* let은 be allowed to로 표현된다. 지각동사(see, watch, hear, listen to, feel 등), help	원형부정사 (동사원형)	주어 동사	목적어	*원형부정사	
		주어 be+p.p.	to부정사		(by+목적격)
지각동사(see, watch, hear, listen to, feel 등), keep, leave	현재분사 (ⓥ-ing)	주어 동사	목적어	현재분사	
		주어 be+p.p.	현재분사		(by+목적격)

주의

8 As a punishment for lying, I was made to feed
사역동사 make가 수동태로 쓰이면 원래의 목적격 보어를 to부정사로 써야 해요.
the ducks by Dad every morning.

9 Kenny was seen stealing some cookies at the store by the clerk.

10 The building was felt shaking by the residents in the middle of the night.

주의

11 Skin cancer is thought to be caused by excessive exposure to the sun.
to부정사의 주체인 skin cancer와의 관계가 수동이예요.

🔗 12 "Hello?" answered Jake's mom over the phone. "Hello, Mrs. Florrick. This is Andrew. Jake should be made to get up now."

구문UP Fill in the blanks using the given words.

주의

13 This type of computer _____.
(call, a tablet PC)

이런 종류의 컴퓨터는 태블릿PC라고 불린다.

14 The old men _____
rice plants with a sickle. (make, cut)

그 노인들은 낫으로 벼를 베도록 강요당했다.

15 Smith _____ the most terrible song by his
neighbors. (hear, sing)

Smith는 그의 이웃들에 의해 가장 끔찍한 노래가 불려지는 것이 들려졌다.

💬 **Vocabulary**

allow 허락하다 | **soldier** 군인 | **unfortunately** 불행히도 | **elect** 선출하다 | **from now on** 지금부터 | **silence** 침묵 | **consent** 동의 | **statue** 조각상 | **intact** 손대지 않은, 손상되지 않은 | **despite** ~에도 불구하고 | **the accused** 피의자 | **innocent** 결백한 | **evidence** 증거 | **feed** 먹이를 주다 | **shake** 흔들리다 | **resident** 거주민 | **excessive** 과도한 | **exposure** 노출 | **sickle** 낫

10

to부정사와 동명사의 부정

to부정사의 부정은 「not + to부정사」의 형태로 나타내고, 동명사의 부정은 「not + 동명사」로 나타낸다.

- **Dad told me not to play computer games too much.**
아빠가 내게 컴퓨터 게임을 너무 많이 하지 말라고 말씀하셨다.

- **Not eating many sweets is important for your health.**
단 음식을 많이 먹지 않는 것이 너의 건강에 중요하다.

1 It's okay not to be okay!

2 Being humble is not having pride or arrogance.

3 Don't be afraid to fail. Be afraid not to try.

4 Never worrying about little things is my New Year's resolution.

주의
5 Yuki practiced hard not to ruin the concert only to ruin it.
부정사의 부사적 용법중 '결과'에 해당해요.

6 Not wanting anything in life can make you very happy.

7 To see the right and not to do it is cowardice. – Confucius

8　Not doing anything is worse than doing the wrong thing.

9　The bear hid behind the tree not to be caught by the hunter.

10　Risk comes from not knowing what you're doing.

11　A　I'm getting fat. I decided not to eat after 6 p.m.
　　B　That's why you eat a lot until 5:59 p.m.

🔗 12　"He's already late for school, so he has to come immediately not to receive a serious punishment."

구문**UP**　**Fill in the blanks using the given words.**

13　She's tired from _____ _____ enough sleep. (get)
　　그녀는 충분한 잠을 자지 않아서 피곤하다.

14　A　How was my acting?
　　B　To be frank, I'd like you _____ _____ _____ again. (act)
　　A: 내 연기 어땠어요?　B: 솔직히 말하면, 당신이 연기를 다시 하지 않으면 좋겠어요.

15　_____ _____ a break while working is like _____ _____
　　a Coke while eating pizza. (taking, drinking)
　　일하는 동안 쉬지 않는 것은 피자를 먹는 동안 콜라를 마시지 않는 것과 같다.

💬 **Vocabulary** ||||||||||||||||||||||||||||||||||||||||||||||||||||||||||||||||||||||||||||||||||||||||||||||||||||||||||||||||||||||||||

humble 겸손한 | **pride** 자만심 | **arrogance** 거만함 | **resolution** 결심 | **ruin** 망치다 | **right** 의(義), 옳은 것 | **cowardice** 비겁함 | **risk** 위험 |
immediately 즉시 | **be tired from** ~로 피곤하다 | **to be frank** 솔직히 말하면 | **take a break** 휴식을 취하다

UNIT

to부정사와 동명사의 의미상의 주어

to부정사와 동명사의 의미상 주어가 문장의 주어나 목적어와 다르면, to부정사는 「for + 목적격」의 형태로, 사람의 성품 형용사가 보어로 쓰이면 「of + 목적격」을 사용한다. 동명사는 「소유격(목적격) + 동명사」의 형태로 나타낸다.

- **It is dangerous for us to cross the street here.**
  여기에서 우리가 길을 건너는 것은 위험하다.

- **It is kind of her to help the elderly all the time.**
  항상 노인들을 도와주다니 그녀는 친절해.

- **I really appreciate his taking the time to help us.**
  나는 그가 우리를 돕기 위해 시간을 내 준 것을 정말로 감사히 여긴다.

---

1 It was unfortunate for her to miss such a chance.

2 It was careless of you to touch the snake.

3 Daniel doesn't mind people taking a picture of him.

4 His singing a song made everyone laugh.
주어자리에서는 동명사의 의미상의 주어로 목적격을 쓸 수 없어요.

5 It is thoughtful of you to remind me of my promise.

6 Mom I'm worried about you running in the park after dark.
동명사의 의미상의 주어는 소유격이 원칙이나 목적격으로도 써요.

Son Don't worry. There's a police station near the park.

Grammar ✓ Check

구분	형용사의 종류	의미상 주어의 형태	
to부정사	일반형용사	for + 목적격	+ to부정사
	성품형용사	of + 목적격	
동명사		소유격(목적격)	+ 동명사

*성품형용사: 사람의 성격이나 품성을 주관적으로 나타내는 형용사(kind, nice, foolish, stupid, polite, rude, careful, careless, brave, wise, silly, mean 등)

7 A I got stuck in the heavy traffic.

   B My leaving early was a wise decision.

8 It was hopeless for him to overturn the result.

9 It was brave of Galileo to challenge the authority of scholars at that time.

10 I was thankful for the man next door shoveling snow from my driveway.

11 He imagined his boss walking into his office every time he sat on a chair.

🔗 **12** "Oh, Jake left home as usual. I'm concerned to hear of his not being on time at the station. You guys meet there everyday, don't you?" Mrs. Florrick answered.

구문 **UP** **Fill in the blanks using the given words.**

13 It was kind _____ _____ _____ _____ me your bus card.
(you, lend)

네가 어제 나한테 버스카드를 빌려준 것은 정말 착한 일이었어.

14 The problem seems somewhat difficult _____ _____ _____
_____. (he, solve)

그 문제는 그가 풀기에 약간 어려워 보인다.

15 She is grateful for _____ _____ time with her when she is in the hospital. (I, spend)

그녀는 병원에 있을 때 내가 시간을 함께 보내는 것에 대해 감사하게 생각한다.

💬 **Vocabulary**

appreciate 감사하다 | **unfortunate** 운이 없는 | **thoughtful** 사려 깊은 | **remind A of B** A에게 B를 상기시키다 | **get stuck in** ~에 갇히다 |
hopeless 가망 없는, 절망적인 | **overturn** 뒤집다 | **authority** 권위 | **shovel** 삽질하다 | **driveway** 진입로 | **as usual** 평상시처럼 |
concerned 염려스러운 | **on time** 제시간에 | **somewhat** 약간, 다소 | **graceful** 고마워 하는

29

UNIT 12

to부정사 vs. 동명사

목적어로 to부정사가 오면 발생하지 않은 미래의 일이며, 목적어로 동명사가 오면 발생한 과거의 일이다.

- **I remember to send the email to her this afternoon.**
  난 오늘 오후에 그녀에게 이메일을 보내야할 것을 기억한다.

- **I remember sending the email to her this morning.**
  난 오늘 아침에 그녀에게 이메일을 보냈던 것을 기억한다.

1 Does Charlotte remember to go out with me?

2 Does Charlotte remember going out with me?

3 We tried to finish the work by Friday.

4 We tried finishing the work by Friday.

5 A Oh, I forgot to turn off the oven at home!
   B

you'll never forget
to turn off the oven...

if you never turn it on

with permission from Anne Taintor, Inc.

⁞⁞ Grammar ⊘ Check ⁞⁞⁞⁞⁞⁞⁞⁞⁞⁞⁞⁞⁞⁞⁞⁞

동사	목적어 형태 별 의미	
remember	to부정사	~할 것을 기억하다
	동명사	~한 것을 기억하다
forget	to부정사	~할 것을 잊다
	동명사	~한 것을 잊다
regret	to부정사	~하게 되어서 유감이다
	동명사	~한 것을 후회한다
try	to부정사	~하려고 노력하다 / 애쓰다
	동명사	(시험삼아) ~해보다

6 Did you forget to buy me lunch today?

7 Did you forget buying me lunch today?

8 We stopped to throw some garbage in the trash can.

9 Please stop throwing garbage on the floor.

10 I regret to tell you the truth.

11 I regret telling you the truth.

12 Andrew said, "Oh, I see, ma'am. I'll try to find him at school. Bye."

구문**UP** **Fill in the blanks using the given words.**

13 Don't _____ _____ _____ me. (remember)
날 기억하는 것을 잊지 말아요.

14 I _____ _____ the exotic fruit durian while I was in Malaysia. (eat)
나는 말레이시아에 있었을 때, 이국적인 과일 두리안을 시험삼아 먹어보았다.

15 On the way home from work, Peggy _____ _____ _____ some sweets. (buy)
퇴근하는 길에, Peggy는 단 것을 사기 위해 길을 멈추었다.

📝 Vocabulary ‖‖

go out with somebody ~와 함께 데이트하다 | **garbage** 쓰레기 | **exotic** 이국적인 | **durian** 두리안(냄새는 고약하지만 맛은 달콤한 열대 과일)

13

too ~ to...

「too + 형용사/부사 + to부정사...」는 '너무나 ~해서 …할 수 없다'라는 의미이다. (= so + 형용사/부사 + that + 주어 + can't...)

- **Eric is too tired to get to the top of the mountain.**
  Eric은 너무 피곤해서 산 정상에 오를 수 없다.

- **He was too sleepy to watch the whole movie.**
  그는 너무 졸려서 그 영화 전부는 볼 수 없었다.

1 It's too good to be true.

2 Chicken is too tempting to refuse.

3 Everybody was too upset to say anything.

주의
4 The river runs too fast for children to swim in.
　　　to부정사의 목적어가 문장 내에 있으면 전치사 쓰임에 유의해야 해요.

5 A I am too hungry to exercise anymore.
　　B Just do it.

6 Gulliver was too weak to survive on a deserted island.

7 Sweetie, this soup is too hot to eat. Let Mommy blow on it.

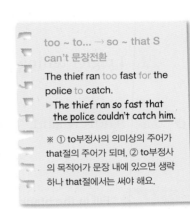

too ~ to... → so ~ that S can't 문장전환

The thief ran too fast for the police to catch.
▶ The thief ran so fast that the police couldn't catch him.

※ ① to부정사의 의미상의 주어가 that절의 주어가 되며, ② to부정사의 목적어가 문장 내에 있으면 생략하나 that절에서는 써야 해요.

Grammar ✓ Check

to부정사 형태	too 형용사/부사 to 부정사	너무나 ~해서 …할 수 없다
부사절 형태	so 형용사/부사 that 주어 can't 동사원형	너무나 ~해서 주어가 …할 수 없다

8 His behavior was too rude for me to tolerate.

9 Some Greek myths are too unrealistic to be true.

10 We ate Jamaican jerk chicken too quickly to take pictures.

11 The old couple arrived too late to see the beginning of the movie.

🔗 **12** Andrew said to the God, "It's too late to get to school on time by subway. I'll have to get to school immediately and see if Jake is there. See you later."

구문 **UP** **Rearrange the given words.**

13 Judy is _____ as a nanny.
(careless, work, to, too)

Judy는 유모로 일하기에 너무 조심성이 없다.

14 The cave was _____

in. (narrow, for, hide, too, the boys, to)

그 동굴은 너무 좁아서 그 소년들이 숨을 수 없었다.

15 Cindy's voice was _____

_____ what she was saying. (understand, for, to, me, too, small)

Cindy의 목소리는 너무나 작아서 나는 그녀가 무엇을 말하는지 이해할 수가 없었다.

💬 **Vocabulary** ‖‖

tempting 유혹하는 | **refuse** 거절하다 | **upset** 화난 | **survive** 살아남다 | **deserted island** 무인도 | **blow on** 불다 | **behavior** 행동 |
rude 무례한 | **tolerate** 참다 | **myth** 신화 | **unrealistic** 비현실적인 | **jerk chicken** 닭고기 저크(향신료를 발라 구워내는 치킨) | **get to** ~에 도착하다 |
immediately 즉시 | **nanny** 유모 | **cave** 동굴 | **narrow** 좁은

14

UNIT

enough to

「형용사/부사 + enough to 부정사」는 '~할 수 있을 만큼 충분히 …하다'라는 의미이다. (= so + 형용사/부사 + that + 주어 + can...)

- **Jessica is old enough to travel by herself.**
  Jessica는 혼자 여행할 만큼 충분히 나이가 들었다.

- **They came early enough to get nice seats.**
  그들은 좋은 좌석을 차지할 정도로 충분히 일찍 왔다.

---

1   We're eighteen, so we're old enough to vote.

2   Isn't Rudolph thin enough to come down the chimney?

3   The car ran slowly enough for Ms. Kim to enjoy the scenery.

4   There is enough food for us to survive three days.
        명사를 꾸밀 때는 명사 앞에 위치하기도 해요.

5   Jordan was generous enough to forgive the thief.

6   A day is not long enough for us to change the world.

7   Amanda's GPA is high enough to be accepted into an IVY League school.

> enough to... →
> so ~ that S can 문장전환
>
> She is pretty enough for everybody to notice.
>
> ▶ She is so pretty that everybody can notice her.
>
> ※ ① to부정사의 의미상의 주어가 that절의 주어가 되며, ② to부정사의 목적어가 문장 내에 있으면 생략하나 that절에서는 써야 해요.

Grammar ✓ Check

to부정사 형태	형용사/부사 enough to 동사원형	충분히 ~하여 …할 수 있다
부사절 형태	so 형용사/부사 that 주어 can 동사원형	충분히 ~하여 주어가 …할 수 있다

8 This room is large enough for four of us to stay in.

9 The angry elephant was strong enough to drive away the hippos.

10 The mermaid's voice was attractive enough to lure any fisherman passing by.

🔗 **11** The school was ten kilometers away from the station, but Andrew was fast enough to arrive at school in a flash.

12 No man is good enough to govern another man without that other's consent. – Abraham Lincoln

---

구문 UP Rearrange the given words.

13 The fireworks were _____ _____ _____ tourists.
(enough, beautiful, fascinate, to)
그 불꽃놀이는 관광객들을 매혹시킬 만큼 충분히 아름다웠다.

14 They worked _____ _____ _____ from the poverty.
(escape, hard, to, enough)
그들은 가난에서 벗어나려고 열심히 일했다.

15 Most of us are not _____ _____ _____ inventions, but we can still enjoy using them in our lives. (to, smart, create, enough)
우리중 대부분은 발명품들을 발명할 정도로 충분히 영리하지는 않지만, 우리는 우리의 삶에서 그것들을 사용하는 것을 즐길 수 있다.

💬 **Vocabulary**

vote 투표하다 | **chimney** 굴뚝 | **scenery** 경치 | **survive** 생존하다 | **generous** 너그러운 | **forgive** 용서하다 | **GPA** 성적(Grade Point Average) | **drive away** 쫓아 버리다 | **mermaid** 인어 | **attractive** 매력적인 | **lure** 유혹하다 | **fisherman** 어부 | **passing by** 지나가는 | **in a flash** 순식간에 | **govern** 지배하다 | **consent** 동의 | **fascinate** 매혹시키다 | **escape** 벗어나다 | **poverty** 가난 | **invention** 발명품

15

UNIT

동명사의 관용 표현

동명사의 관용 표현은 오랫동안 사용되어 그대로 굳어진 표현을 말한다.

- **It is no use trying to persuade her.**
  그녀를 설득하려고 해도 소용없다.
- **We spent the whole day playing soccer on the playground.**
  우리는 운동장에서 축구를 하는데 온종일을 보냈다.

1 There is no pleasing Scrooge.

2 It was such a funny story that I couldn't help laughing.

3 It is worth trying something than doing nothing.

4 It's no use trying to draw the sword.

5 I look forward to visiting the Van Gogh museum in the Netherlands.

6 The tribe is not accustomed to obeying orders.

Grammar ✓ Check

관용 표현		해석
be used to	+ 동명사	~에 익숙해지다
cannot help		~하지 않을 수 없다
go		~하러 가다
need		~되어야 할 필요가 있다
be busy		~하느라고 바쁘다
have trouble/difficulty/ a hard time		~하는 데 어려움을 겪다

관용 표현		해석
it is no use	+ 동명사	~해도 소용없다
spend + 시간/돈		~하느라 시간[돈]을 소비하다
be worth		~할 가치가 있다
look forward to		~을 고대하다
feel like		~하고 싶다
there is no		~하는 것은 불가능하다

7 Is there anybody that has difficulty talking in front of others?

8 A How about going to see *The Phantom of the Opera* with me?
   B Maybe some other time.

9 Spring is when you feel like whistling even with a shoe full of slush.

10 Life is what happens to you while you're busy making other plans.
   – John Lennon

11 It is no use killing one cockroach. There are probably thousands more that you don't know about.

12 Entering his classroom right before the bell rang, Andrew couldn't help wondering why Jake was absent.

구문UP **Fill in the blanks using the given words.**

13 Mickey was so tired that he _____ _____ _____ awake in class. (stay)
Mickey는 너무 피곤해서 수업시간에 깨어있는데 어려움을 겪었다.

14 Dad _____ _____ every weekend, and Mom _____ _____ every other day. (fish, swim)
아빠는 매주 낚시를 가시고, 엄마는 하루 걸러 수영을 가신다.

15 Why does Julie always _____ a lot of _____ _____ things she doesn't need? (spend, money, buy)
왜 Julie는 항상 그녀가 필요하지 않은 것들을 사는데 많은 돈을 소비할까?

💬 **Vocabulary**

persuade 설득하다 | **please** 기쁘게 하다 | **draw** 칼을 뽑다 | **sword** 검 | **tribe** 부족 | **obey** 복종하다 | **whistle** 휘파람을 불다 | **slush** 진창 |
cockroach 바퀴벌레 | **absent** 결석한

꼬리에 꼬리를 무는 문장 ❶

안녕! 난 Andrew야. 평범한 중학생이던 내가 내공의 신에게 힘을 받아 히어로가 되었어. 고리표시가 된 문장을 이으면 내 이야기가 펼쳐져. 히어로 이야기도 읽고 구문 독해도 공부해보자!

앞서 학습한 유닛에서 🔗 표시된 문장을 이으면 멋진 슈퍼 히어로 Andrew의 이야기가 펼쳐집니다!

Read the following and answer the questions.

The God of Inner Power said to Andrew, "You have done an amazing thing saving those people!¹ [people, your, for, have, using, inner, you, power, not, for, other, been, but, yourself].² The other super heroes had not been as successful at using their powers as you were!"³ Andrew answered, "Well, without your advice, I might have become a villain, too.⁴ Ahh... Jake should have been here with me at the battle...⁵ He must have overslept this morning. It's strange. We always meet here to take the subway to school together."⁶ The God said, "He might be exhausted from staying up all night studying for mid-terms."⁷ Calling Jake's home, Andrew said, "It's already late. A punishment will be given to him."⁸ "Hello?" answered Jake's mom over the phone. "Hello, Mrs. Florrick. This is Andrew. Jake should be made to get up now.⁹ He's already late for school, so he has to come immediately not to receive a serious punishment."¹⁰ "Oh, Jake left home as usual. I'm concerned to hear his not being on time at the station. You guys meet there everyday, don't you?" Mrs. Florrick answered.¹¹ Andrew said, "Oh, I see, ma'am. I'll try to find him at school. Bye."¹² Andrew said to the God, "It's too late to get to school on time by subway. I'll have to get to school immediately and see if Jake is there. See you later."¹³ The school was ten kilometers away from the station, but Andrew was fast enough to arrive at school in a flash.¹⁴ Entering his classroom right before the bell rang, Andrew couldn't help wondering why Jake was absent.¹⁵

* 구문 활용 독해문장 뒤의 번호는 해당 문장이 삽입되어 있는 유닛입니다.

1 Fill in the blank.

very tired = e_____

2 Which is __true__ about Jake?

① 이전의 전투에서 Andrew와 함께 했다.

② 시험공부를 하다 지쳐 늦잠을 잤다.

③ 항상 Andrew와 지하철을 타고 함께 학교에 간다.

④ 휴대 전화를 학교에 놓고 갔다.

⑤ 등교를 위해 평상시보다 늦게 집에서 나갔다.

3 Rearrange the given words in correct order.

너는 너의 내공을 너 스스로가 아닌 다른 사람들을 위해 사용해 오고 있다.

[people, your, for, have, using, inner, you, power, not, for, other, been, but, yourself].

Vocabulary

amazing 놀라운 | advice 충고 | exhausted 지친 | punishment 벌칙, 처벌 | as usual 평상시처럼 | concerned 염려스러운 | on time 제시간에 | ma'am 아주머니 | get to ~에 도착하다 | immediately 즉시 | in a flash 순식간에 | absent 결석한

16

UNIT

현재분사 vs. 과거분사

명사와의 관계가 능동·진행이면 현재분사를, 수동·완료이면 과거분사를 사용한다. 분사 단독이면 명사 앞에서, 분사가 다른 어구를 동반하면 명사 뒤에서 수식한다.

- **The lady standing in front of me seems to be a model.**
  내 앞에 서있는 숙녀는 모델 같아 보인다.

- **The city destroyed by the earthquake was not rebuilt.**
  지진에 의해 파괴된 도시가 재건되지 않았다.

1 The girls sharing the umbrella are twins.

2 The umbrella shared by the girls is torn.

3 The fire burning the building is spreading quickly.

4 The building burned by the fire has not been repaired yet.

5 Every man is the builder of a temple called his body.

주의

6 The men cooking some food for dinner are my uncles.

주어가 The men이므로 복수동사를 써야 해요.

7 The performance performed entirely in mime was a great success.

▥▥ Grammar ✓ Check ▥▥▥▥▥▥▥▥▥▥▥▥▥▥▥▥▥▥▥▥▥▥▥▥▥▥▥▥▥▥▥▥

구분	형태	의미	해석
현재분사	ⓥ-ing	능동	~하는
		진행	~하고 있는
과거분사	ⓥ-ed / p.p.	완료	~한
		수동	~되는, ~지는

8 The pretty woman howling on the branch is not a human but a witch.

9 In the near future, you can eat noodles made by a robot cook.

10 A The ladies talking loudly behind us are my mom's friends.

B Wait! Isn't the lady wearing red socks my mom?

11 Excuse me, sir. You will have to compensate us for the chandelier broken by your cat.

🔗 **12** The teacher came in the classroom. Checking his students, he said, "Jake is missing. Does anyone know where he is?"

구문**UP** **Fill in the blanks using the given words.**

13 Is there anybody _____ to listen to my story? (go)
내 이야기를 들어줄 누군가가 있나요?

14 After work, we're going to have Nagasaki udon _____ in Sungsan. (sell)
일이 끝난 후에, 우리는 성산에서 팔리는 나가사키 우동을 먹을 것이다.

참고 엄마 아빠들이 다 아는 Beatles의 *Girl*이라는 노래가사입니다.

15 The thieves _____ in the elevator _____ _____ for the rescue team. (trap, wait)
엘리베이터에 갇힌 도둑들이 구조팀을 기다리는 중이다.

📋 **Vocabulary**

rebuild 다시 세우다, 재건하다 | **tear** 찢다(-tore-torn) | **performance** 공연 | **entirely** 완전히 | **mime** 무언극 | **howl** 울부짖다 | **branch** 나뭇가지 | **witch** 마녀 | **in the near future** 조만간 | **compensate for** ~을 보상하다 | **chandelier** 샹들리에 | **udon** 우동 | **thief** 도둑(pl. thieves) | **trap** 가두다 | **rescue** 구조

17

with + 명사 + 분사

명사가 분사의 의미상의 주어이므로, 능동이면 현재분사를 수동이면 과거분사를 사용한다. '명사가 ～한 채로, ～된 채로'로 해석한다.

- **Bora was running with her head bent against the rain.**
  보라는 비를 피해 머리를 숙인 채로 뛰고 있었다.
- **She kept looking at me with her chin resting on her hands.**
  그녀는 두 손으로 턱을 받친 채 나를 계속 바라보았다.

1 He sat there with his legs shaking.

2 She was praying with her hands clenched.

3 Briana smiled at me with her cute eyes blinking.

4 With nobody answering, Andrew felt nervous.

5 He kept telling me what to do with his arms folded.

6 Rami opened the doughnut box with his mouth watering.

7 Carly drove her car with a coffee cup sitting on the roof.

Grammar Check

with + 명사	ⓥ-ing	목적어와 능동 관계	명사가 ～한 채로
	ⓥ-ed / p.p.	목적어와 수동 관계	명사가 ～된 채로

8 A How long can you stay underwater with your eyes shut?

   B I can't do that even for a second.

9 She was staring at the camera with her hair blowing in the wind.

10 The woman was vomiting with her nose running at the same time.

11 Love is like an hourglass, with the heart filling up as the brain empties.

12 He smiled with blood streaming from his forehead and said, "I'll always be here for you."

구문UP Fill in the blanks with *with* and using the given words.

13 The bird couldn't fly _____ _____ _____. (wing, break)

날개가 부러진 채로 그 새는 날 수 없었다.

14 It is a sunny and bright morning _____ _____ _____. (breeze, blow)

산들바람이 부는 맑고 화창한 아침이다.

15 Becky was standing _____ _____ _____ down her cheeks. (tear, run)

Becky는 그녀의 볼에 눈물을 흘리며 서 있었다.

💬 **Vocabulary**

rest 받치다 | **clench** (손·주먹)을 꽉 쥐다 | **blink** 눈을 깜빡이다 | **nervous** 불안한 | **fold** 접다 | **water** 군침이 흐르다 | **stare** 응시하다 | **vomit** 토하다 | **run** (액체를) 흘리다 | **hourglass** 모래시계 | **fill up** 채우다 | **empty** 비우다; 비어있는 | **stream** 흐르다 | **breeze** 산들바람

18

UNIT

분사구문의 부정
분사 앞에 not[never]를 사용해서 부정을 나타낸다.

- **Not knowing what to do, Alice came to ask for my advice.**
  뭘 해야 할지 몰라서, Alice는 내 조언을 구하러 왔다.

- **Not having enough time, we didn't go for a drive.**
  충분한 시간이 없어서, 우리는 드라이브하러 가지 않았다.

1 Not having a job yet, I am free.

2 Never eating vegetables, Sally doesn't get enough vitamins.

3 Not believing his girlfriend, he broke up with her.

4 Not wanting to tell the truth, the girl made up an excuse.

5 Not going to the store, I can buy the stuff on the Internet.

6 Not being able to focus on his work, Tommy drank three cups of coffee.

7 Not (being) satisfied with her hairstyle, she started to scream.

being은 생략 가능해요.

8 Not exercising at all, he's getting fatter and fatter by the day.

9 Never putting any effort, Ms. Sharma wants to lose weight.

10 Never intending to disturb Ms. Drayer's sleep, I tiptoed out of the room.

11 Not being mature enough, teenagers sometimes make big mistakes.

🔗 **12** He thought, "Not being something he would do, it means something happened to him."

구문UP **Fill in the blanks using the given words.**

13 _____ _____ some words, Kate looked them up in a dictionary. (know)
몇몇 단어를 알지 못해서, Kate는 사전에서 그것을 찾아보았다.

14 _____ _____ enough money, we will go to Seoul for a trip anyway.
(have)
충분한 돈이 없더라도, 우리는 어쨌든 서울에 여행하러 갈 것이다.

15 The criminals wandered Europe for several months, _____ _____ _____ by the police. (catch)
그 범죄자들은 경찰에게 잡히지 않고 유럽을 몇 달 간 돌아다녔다.

💬 **Vocabulary** ┊┊

make up 만들어내다 | **excuse** 변명 | **scream** 비명 지르다 | **intend** 의도하다 | **disturb** 방해하다 | **tiptoe** 발끝으로 살금살금 걷다 | **mature** 성숙한 | **look up** (사전·참고 자료·컴퓨터 등에서 정보를) 찾아보다 | **criminal** 범죄자 | **wander** 떠돌아다니다. (정처 없이) 거닐다

19

분사구문의 시제
주절의 시제와 같으면 단순 분사구문을, 그 이전이면 완료 부사구문을 사용한다.

- **Having drunk five cups of coffee, Sohee cannot sleep.**
  커피를 다섯 잔이나 마셔서, 소희는 잠을 잘 수가 없다.

- **Having been bitten by a cat, she doesn't like cats.**
  고양이한테 물렸기 때문에 그녀는 고양이를 좋아하지 않는다.

1 Drinking a Coke, Mr. Reuben felt refreshed.

2 Having drunk a Coke, Mr. Reuben ordered another one.

3 Having defeated Taeeun, Taehee was in a good mood.

4 Having been defeated by the opponent, Taeeun was quite frustrated.

주의
5 (Being) angry at my words, he kept looking out the window.
Being은 생략할 수 있어요.

6 Having sharpened her knife, she began her work as usual.

7 Not knowing what to do, I stood up and followed her to the altar.

Grammar ✓ Check

구분	형태	사용하는 경우
단순 분사구문	ⓥ-ing	분사구문의 시제가 주절의 시제와 같을 때
완료 분사구문	having p.p.	분사구문의 시제가 주절의 시제보다 앞설 때

8 Not having been born in China, Ling Ling can't speak Chinese.

9 (Being) bothered by mosquitoes, Yan had to wear his jacket despite the tropical heat.

주의
10 (Having been) frightened by the loud fireworks, the dog hid under the couch.
having been 도 생략할 수 있어요.

11 Girl Having read a biography of Mother Theresa, I decided to become a nun.
Boy I would rather not read a biography of Great Master Wonhyo.

12 "Not having even a single absence from school, he cannot just play hooky without any notice."

구문**UP**   Fill in the blanks using the given words.

13 _____ a child from a well, the firefighter broke his arm. (rescue)
아이를 우물에서 구조하면서 그 소방관은 팔이 부러졌다.

14 _____ five years ago, these jeans are out of fashion now. (buy)
5년 전에 구매되어서, 이 청바지는 지금 구식이다.

15 _____ _____ several miles, I had sore feet from my new shoes. (walk)
몇 마일을 걸은 후에, 나는 새 신발로부터 발병이 났다.

💬 Vocabulary

refresh 상쾌한 | **defeat** 패배시키다 | **opponent** 적 | **frustrated** 좌절한 | **sharpen** 날카롭게 하다 | **as usual** 평소처럼 | **altar** 제단 | **mosquito** 모기 | **despite** ~에도 불구하고 | **tropical** 열대의 | **heat** 열기 | **biography** 전기 | **nun** 수녀 | **would rather** (차라리) ~하겠다 | **play hooky** 학교를 땡땡이치다 | **notice** 알림, 예고 | **rescue** 구조하다 | **well** 우물 | **sore feet** 발병

20

UNIT

분사구문의 의미상 주어

분사구문의 주어가 주절의 주어와 다를 때, 의미상의 주어를 생략하지 않고 분사 앞에 그대로 두며 이를 독립분사구문이라 한다.

- **It being a national holiday, all the banks were closed.**
  국경일이기 때문에 모든 은행들이 문을 닫았다.

- **Other things being equal, I will choose the cheaper one.**
  다른 것들이 같다면, 난 더 싼 것을 고를 것이다.

1 Sandra losing the game, her coach was really upset.

2 Stanley watching his smartphone, Jennifer was putting on her makeup.

3 Charlie arriving by 8 p.m., we will begin our meeting on time.

4 The moon rising tonight, our simultaneous attack will begin again.

5 The weather being fine, we will see a beautiful aurora tonight.

6 There being no space, Marta couldn't park at the mall.

7 Diana being sick, her boyfriend cooked the soup for her.

Grammar ✓ Check

명칭	형태	사용하는 경우
독립분사구문	주어 + ⓥ-ing	분사구문의 주어 ≠ 주절의 주어

8 It raining cats and dogs outside, we have no choice but to stay inside.

9 They talking out loud for 30 minutes, he didn't hear any of their words.

10 Jerry not running away now, Tom will immediately catch him.

11 Life being unpredictable, we don't know what lessons it will suddenly give us.

🔗 **12** "Jake's mom saying he had left home as usual, Jake didn't show up at the station nor at school."

구문*UP* **Fill in the blanks using the given words.**

13 _____ _____ more handsome than you, you are much better than him. (be)

Ricky가 너보다 더 잘 생겼더라도, 네가 그보다 훨씬 더 낫다.

14 _____ _____ _____ _____ an identification, we can't deal with your request. (bring)

네가 신분증을 가져오지 않았기 때문에, 우리는 너의 요청을 처리해줄 수 없다.

15 Global economy _____ unstable, we have difficulty _____ for the future. (be, prepare)

세계 경제가 불안정하기 때문에 우리는 미래를 준비하는데 어려움을 겪는다.

💬 Vocabulary

upset 화난 | **makeup** 화장 | **simultaneous** 동시의 | **rain cats and dogs** 비가 매우 많이 오다 | **have no choice but to** ~할 수 밖에 없다 | **unpredictable** 예측 불가능한 | **show up** 나타나다, 등장하다 | **identification** 신분증 | **deal with** 처리하다 | **global economy** 세계 경제 | **unstable** 불안정한 | **have difficulty -ing** ~하는데 어려움을 겪다

21

UNIT

비인칭 독립분사구문

분사구문의 의미상 주어가 일반인인 경우 생략할 수 있다. 이를 비인칭 독립분사구문이라 일컬으며, 관용적인 표현들이 있다.

- **Frankly speaking, the computer is too expensive.**
  솔직히 말해서, 그 컴퓨터는 너무 비싸다.
- **Judging from her appearance, she looks about thirty.**
  외모로 판단하건데, 그녀는 대략 30살로 보인다.

1 Considering her talent, Olga should become a potter.

2 Frankly speaking, Frank is too frank to work with.

3 Generally speaking, he is too old for her to marry.

4 Strictly speaking, the car accident was neither of their faults.

5 Speaking of Rie, she is the head of her household.

6 Honestly speaking, I am much more handsome than you.

7 Judging from her accent, she must be from somewhere in Scotland.

Grammar ✓ Check

명칭	형태	사용하는 경우	
비인칭 독립분사구문	(주어 생략) + ⓥ-ing	분사구문의 주어가 일반인인 경우	
비인칭 독립분사구문	의미	비인칭 독립분사구문	의미
generally speaking	일반적으로 말해서	strictly speaking	엄격히 말해서
frankly[honestly] speaking	솔직히 말하자면	judging from	~으로 판단하건대
roughly speaking	대강 말하자면	considering (that)	~을 고려하면

8 Considering his manners, he must have been brought up by polite parents.

9 A Will there be anymore earthquakes?
B Judging from the data we collected, some aftershocks will follow.

10 Strictly speaking, it will be almost impossible to find a cure for cancer within 10 years.

11 A Roughly speaking, I need about 50,000,000 won to buy the car.
B As far as I know, the car costs about 52,000,000 won.

12 "Considering all the circumstances, something bad might have happened to Jake!"

구문UP Fill in the blanks.

13 _____, Nanazzang is not Japanese. She is Korean.
솔직히 얘기하면, 나나짱은 일본인이 아닙니다. 그녀는 한국인입니다.

14 _____, women live longer than men.
일반적으로 말하자면, 여자들은 남자들보다 더 오래 산다.

15 _____ your dream to be a president, you seem to be ambitious.
대통령이 되고자 하는 너의 꿈으로 판단해 보건대, 너는 야망이 있는 듯이 들린다.

📣 **Vocabulary**

appearance 외모 | **potter** 도예가 | **frank** 솔직한 | **neither of** 둘 다 아닌 | **head of household** 가장 | **bring up** 양육하다 | **aftershock** 여진 | **cure** 치료법 | **as far as S know** ～가 아는 한 | **circumstances** 상황, 사정 | **ambitious** 야망 있는

22

UNIT

관계대명사의 쓰임
관계대명사의 역할에 따라 주격, 목적격, 소유격으로 구분하여 사용을 한다.

- **The girl who lives next door is very friendly.**
  옆집에 사는 그 소녀는 매우 친절하다.

- **They were talking about something that we didn't know.**
  그들은 우리가 모르는 뭔가에 대해 이야기를 하고 있었다.

- **She wants to buy an iPad whose memory is vast.**
  그녀는 용량이 큰 아이패드를 사고 싶어 한다.

1 I know a singer who plays the drum well.

2 The singer whose song is romantic looks ugly.

3 My friends tease the singer whom I love very much.

4 Son Mom! Did you see the shirt which I purchased yesterday?

5 Mom Which one? You mean the one which has Superman on it?

주의

6 Son No. It is the shirt of which the color is deep blue.

사물의 소유격에도 whose를 더 많이 써요.

Grammar ✔ Check

선행사	주격 (+ 동사)	목적격 (+ 주어 + 동사)	소유격 (+ 명사 + 동사)
사람	who	who(m) (생략 가능)	whose
사물, 동물	which	which (생략 가능)	whose (= of which)
사람, 사물, 동물	that	that (생략 가능)	
선행사 포함	what	what (생략 불가)	

7 I've always wanted to live in a country that guarantees freedom.

which 대신에 that을 써도 돼요.

8 We're looking for a female that has a special talent for playing the drums.

who 대신에 that을 써도 돼요.

9 On the Internet, you can be anything that you want.

선행사가 anything이면 that을 주로 써요.

10 A I am going to buy a hard disk (which) my cousin has used for three years.

목적격은 생략할 수 있어요.

B Is your cousin a man or a woman?

11 The woman who(m) he employed always complains about her salary.

목적격은 whom이 원칙이지만 who를 써도 돼요.

12 After school, everybody was watching a breaking news story on TV. A man wearing a blue mask on his face was speaking, and next to him there was a hostage he had tied to a chair. It was Jake!

구문UP Fill in the blanks with relative pronoun(관계대명사).

13 I couldn't approach the girl _____ boyfriend was a football player.

나는 남자친구가 미식축구선수였던 그녀에게 접근할 수 없었다.

14 Chicken is great; it gives you energy _____ can be used to order it again.

치킨은 위대하다; 그것은 너에게 다시 주문할 수 있는 에너지를 준다.

15 To our Latin dance club, Charles brought a friend _____ we had met before at a dance competition.

우리 라틴댄스 동아리에, Charles가 전에 우리가 어떤 댄스대회에서 만난 적이 있던 한 친구를 데려왔다.

📝 Vocabulary

vast 크기가 어마어마한 | **tease** 놀리다 | **purchase** 구매하다 | **guarantee** 보장하다 | **freedom** 자유 | **female** 여성 | **complain** 불평하다 | **salary** 급여, 월급 | **breaking news** 뉴스속보 | **hostage** 인질 | **tie** 묶다 | **approach** 접근하다 | **competition** 대회, 경쟁

23

관계대명사의 계속적 용법

관계대명사는 선행사를 수식하는 한정적 용법과, 선행사에 대한 보충 설명을 하는 계속적 용법이 있다.

- **We saw two women who were bleeding from their faces.**
  우리는 얼굴에서 피를 흘리고 있는 두 여성을 보았다. (피를 흘리지 않는 다른 사람이 있을 수 있음)

- **We saw two women, who were bleeding from their faces.**
  우리는 두 여성을 보았는데, 그들은 얼굴에 피를 흘리고 있었다.

1 I have two sons who are doctors.

2 I have two sons, who are doctors.

3 The apples which I bought on Monday are rotten.

4 The apples, which I bought on Monday, are rotten.

주의
5 They decided to go for a walk, which was very unusual.
which가 어구(to go for a walk)을 나타내기도 해요.

주의
6 Dongchae passed the final exam, which surprised everyone.
which가 앞 문장(Dongchae ~ exam)을 나타내기도 해요.

7 My friend Lupin is a famous police officer, who has caught many thieves.

8 Karen bought some eggs, which would be used for cooking omelets.

Grammar ✔ Check

구분	한정적 용법	계속적 용법
형태	선행사 + 관계대명사 ~	선행사 + , + 관계대명사 ~ (that 사용 불가)
차이	관계대명사절이 선행사를 뒤에서 수식한다.	관계대명사절이 선행사를 보충설명한다. 관계대명사는 접속사 + 대명사로 바꿔 쓸 수 있다.

*관계부사도 계속적 용법으로 쓸 수 있어요.

9 I tried to move the piano alone, which I found impossible.

10 The new role-playing game won't be released this month, which upsets me.

11 Gary met a man in the supermarket near his apartment, who was a famous hockey player.

선행사가 바로 앞이 아닐 수도 있어요.

12 It was a video the man recorded and sent to the TV station to blackmail Flashman, who was now staring at the TV with fury burning in his eyes!

구문UP Fill in the blanks with *which* or *who*.

13 Michelle swallowed two blueberry muffins, _____ were stale.
Michelle은 블루베리머핀 두 개를 삼켰는데, 그것들은 신선하지 않았다.

14 Mr. Anderson let his two students leave school early, _____ had fevers.
Anderson 씨는 두 명의 학생들을 조퇴시켰는데, 그들은 열이 났다.

15 The credit card is in my wallet, _____ you can find on the kitchen table.
신용카드는 내 지갑에 있어, 그리고 그것은 네가 식탁 위에서 찾을 수 있어.

📄 Vocabulary

bleed 피를 흘리다 | **rotten** 썩은 | **release** 출시하다 | **upset** 속상하게 하다 | **blackmail** 협박하다 | **stare** 응시하다 | **fury** 분노 | **burn** 불타다 | **swallow** 삼키다 | **stale** 신선하지 않은 | **credit card** 신용카드

24

관계부사 where

선행사가 장소(the place 등)이면 관계부사 where를 사용한다. where절은 완전한 문장으로 where를 생략을 하기도 한다.

- **I can't remember the place where I met her yesterday**
  난 어제 그녀를 만난 장소를 기억할 수가 없다.

- **Have you ever been in the shop where Cindy bought a pretty skirt?**
  넌 Cindy가 예쁜 치마를 산 그 가게에 가본 적 있니?

---

1 This is the theater where the terrorist attack happened.

2 A Do you remember this place?
   B Of course. This is the PC café where we met for the first time.

3 Do you know a swimming pool where I can swim with my dog?

4 Doing what you love is where happiness lives.
선행사가 일반적(the place)이면 생략할 수 있어요.

5 Jeff wants to live in a house in which he can grow trees and flowers.
관계부사 where는 in which로 바꿔 쓸 수도 있어요.

6 The masked man said, "Don't try to find out the place where I am."
관계부사 where는 생략할 수 있어요. 단, 선행사가 있어야 해요.

Grammar ✓ Check

용도	대표 선행사	관계부사
장소	the place	where (= in/on/at + which)
비고	대표 선행사일 경우에는 대체로 생략한다	관계부사는 생략할 수 있고, 전치사 + 관계대명사로 바꿀 수 있다

7 Home is the place where you can always return.

8 Dean sat on the bench where he used to sit with his ex-girlfriend.

9 Hyemi brought me to an antique shop where we could enjoy a unique British atmosphere.

10 Mom laid the wet blanket on a clothesline in the yard where it can dry quickly under the sun.

11 Professor Avril arrived in a village where vampires and werewolves lived together.

12 The old soldiers visited the battlefield where they had fought for their country in 1950.

구문**UP**　**Fill in the blanks choosing the necessary words.**

13 Laura works in a café _____ she can use free Wi-Fi. (which, where, of which)
Laura는 그녀가 무료 와이파이를 사용할 수 있는 카페에서 일한다.

14 Argentina is the country _____ Pope Francisco was born.
(whose, in which, which)
아르헨티나는 교황 프란치스코가 태어난 나라이다.

15 There is a special school _____ dogs are trained to become guide dogs for the blind. (where, whom, which)
시각 장애인들을 위한 안내견이 되게 하기 위해 개들을 훈련시키는 특별한 학교가 있다.

📋 Vocabulary

for the first time 처음으로 | **antique** 골동품 | **unique** 독특한 | **atmosphere** 분위기 | **lay** 놓다(-laid-laid) | **clothesline** 빨랫줄 | **werewolf** 늑대인간 | **battlefield** 전장 | **Pope** 교황 | **train** 훈련시키다

25

UNIT

관계부사 why

선행사가 이유(the reason)면 관계부사 why를 사용한다. why절은 완전한 문장으로 why를 생략을 하기도 한다.

- **That's the reason why Christine was absent from school yesterday.**
  그것이 Christine이 어제 학교를 결석한 이유이다.

- **I don't know the reason why she dismissed him without notice.**
  난 그녀가 그를 돌연 해고한 이유를 모른다.

1 Tell me the reason why you became a monk.

2 Can you explain the reason why we need such a large budget?

주의
3 What is the reason (why) he treats me harshly?
관계부사 why는 생략할 수 있어요. 단, 선행사가 있어야 해요.

4 The reason why the old lady was arrested is not clear.

주의
5 The Smiths never told us the reason for which they moved away.
관계부사 why는 for which로 쓸 수도 있어요.

6 Batman wanted to know the reason why Iron Man had better suits.

7 The meteorologist explained the reason why it rained little this summer.

Grammar ✔ Check

용도	대표 선행사	관계부사
이유	the reason	why (= for + which)
비고	대표 선행사일 경우에는 생략할 수 있다.	관계부사는 생략할 수 있고, 전치사 + 관계대명사로 바꿀 수 있다.

8 The reason why worry kills more people than work is that more people worry than work.

9 Albert is explaining to her daughter why she can't ride her bicycle after sunset.

10 A How did the job interview go?

B They didn't hire me without telling me the reason why I wasn't accepted.

11 "The only person whom I'm interested in is Flashman! He is the reason why I'm doing this."

12 Yesterday is the past, tomorrow is the future, but today is a gift. That's why it's called the present.

구문UP Fill in the blanks choosing the necessary words.

13 Do you know the reason _____ she canceled her birthday party? (how, why, which)

너는 그녀가 왜 생일파티를 취소했는지 아니?

14 Samuel wanted to know the reason _____ he got excluded from the team. (where, what, for which)

Samuel은 그가 팀에서 배제된 이유를 알고 싶었다.

15 The cable guy is trying to find out _____ the Internet connection in this neighborhood fails frequently. (what, which, why)

그 케이블TV 기사는 이 동네에서 인터넷연결이 자주 끊기는 이유를 알아내려고 애쓰는 중이다.

💬 **Vocabulary** |||||||||||||||||||||||||||||||||||||||||||||||||||||||||||||||||||||||||||||||||||||||

dismiss 해고하다 | **monk** 스님 | **budget** 예산 | **harshly** 거칠게 | **arrest** 체포하다 | **meteorologist** 기상학자 | **explain** 설명하다 | **sunset** 일몰, 해질녘 | **hire** 고용하다 | **present** 현재; 선물 | **cancel** 취소하다 | **cable guy** 케이블TV 기사 | **neighborhood** 인근, 동네 | **frequently** 자주

26

관계부사 when

선행사가 시간(the time 등)이면 관계부사 when을 사용한다. when절은 완전한 문장으로 when을 생략을 하기도 한다.

- **I remember the day when I took part in the game.**
  난 그 게임에 참가했던 그 날이 기억난다.

- **Do you remember the day when we started the middle school?**
  넌 우리가 중학교에 입학했던 그날이 기억나니?

---

1 March is the month when everything comes alive.

2 A How do you know (the time) when the bus arrives here?
  선행사가 일반적(the time)이면 생략할 수 있어요.
  B Thanks to the bus app.

3 There may soon come a time (when) all work is done by robots.
  관계부사 when은 생략할 수 있어요. 단, 선행사가 있어야 해요.

4 How can I forget the day when we visited
the Mozart Museum?

5 I had a huge accident on the day on which I first rode my bike.
  관계부사 when은 on which로 쓸 수도 있어요.

6 The coolest thing is when you don't care about being cool.

⏳ Grammar ✓ Check

용도	대표 선행사	관계부사
시간	the time	when (= in/on/at + which)
비고	대표 선행사일 경우에는 생략할 수 있다.	관계부사는 생략할 수 있고, 전치사 + 관계대명사로 바꿀 수 있다

7 When you reach the top, that's when the climb begins.

앞의 when은 부사절의 접속사이고 뒤의 when은 관계부사예요.

8 I miss last winter vacation when we saw penguins in Africa.

9 Every morning when I'm really tired, my dad drags me out of bed.

10 My favorite day of the week is Friday when the weekend is about to begin.

11 The two most important days in your life are the day when you are born and the day when you find out why.

12 "Flashman, do you remember the day when you put out the fire in your school? That was my artwork, and you disturbed my job. I was going to put out the fire myself and become a new hero!"

구문UP **Fill in the blanks choosing the necessary words.**

13 Grandpa still remembers the day _____ he first met Grandma.
(when, which)

할아버지는 그가 할머니를 처음 만난 날을 여전히 기억하신다.

14 This picture was taken in those days _____ color photography was rare.
(where, in which, what)

이 사진은 칼라사진술이 드물었던 시대에 찍혔다.

15 An economic recession is _____ your neighbor loses his job.
An economic depression is _____ you lose yours. (that, when, which)

경기후퇴는 당신의 이웃이 그의 직업을 잃을 때이다. 경제침체는 당신이 당신의 직업을 잃을 때이다.

📓 **Vocabulary** ⁞⁞

come alive 활기를 띠다 | **thanks to** ~ 덕분에 | **huge** 커다란 | **drag** 끌고 가다 | **be about to** 막 ~하다 | **put out** 불을 끄다 | **disturb** 방해하다 |
catch 잡다 | **photography** 사진술 | **rare** 드문, 희귀한 | **economic recession** 경기후퇴 | **econimic depression** 경제침체

27

UNIT

관계부사 how

선행사가 방법(the way)이면 관계부사 how를 사용한다. 단, the way나 how 둘 중의 하나만 사용하고 the way how로는 사용하지 않는다.

- **I want to know how she operated the machine.**
  난 그녀가 그 기계를 작동시킨 방법을 알고 싶다.

- **Can you tell me the way you learned Chinese?**
  네가 중국어를 배운 방법을 내게 알려 줄래?

1 The model told us how she lost weight.

2 They wondered how the burglar broke into their house.

주의
3 The hacker never revealed the way[how] he cracked the system.
the way how는 쓰이지 않고 둘 중 하나를 빼야해요.

4 No one knows how Mary Poppins flew with her umbrella.

5 This recipe is how my grandmother used to make rice cake.

주의
6 We want to know the way in which he found the path in the forest.
선행사가 있으면 in which로 쓸수도 있어요.

7 Richard shared the way he forms close relationships with the elderly.

Grammar ✓ Check

용도	대표 선행사	관계부사
방법	the way	how
비고	대표 선행사일 경우에는 생략할 수 있다.	대표 선행사 the way와 관계부사 how 둘 중 하나를 반드시 생략한다.

8 Pet How you treat me is wrong. Show your respect to me!

9 I asked him the way I can block spam messages on my phone.

10 Life is 10% what happens to you and 90% how you react to it.

11 The staff in the market taught me how I could recharge a transportation card.

12 "I don't know who you really are but I know this boy is a friend of yours. So that's how I will catch you."

구문UP Fill in the blanks choosing the necessary words.

13 Smartphones are changing _____ people shop. (why, how, way)
스마트폰은 사람들이 쇼핑하는 방식을 바꾸고 있다.

14 Sumi's teacher does not like _____ she behaves. (the way, why, which)
수미의 선생님은 그녀가 행동하는 방식을 좋아하지 않는다.

15 The website says _____ you can remove stains from your white shirts.
(why, when, how)
그 웹사이트는 당신의 하얀 셔츠 위의 얼룩을 제거하는 방법을 알려준다.

💬 **Vocabulary** ⁞⁞

operate 작동시키다, 가동하다 | **burglar** 강도 | **break into** 침입하다 | **reveal** 드러내다, 밝히다 | **crack** 침입하다 | **path** 길 | **form** 형성하다 | **share** 나누다, 공유하다 | **elderly** 나이가 지긋한 | **respect** 존중, 존경; 존중하다, 존경하다 | **react** 반응하다 | **staff** 직원 | **recharge** 재충전하다 | **transportation card** 교통카드 | **behave** 행동하다 | **stain** 얼룩

꼬리에 꼬리를 무는 문장 ❷

내 친구 *Jake*가 학교에 오지 않았어. 아무래도 그에게 무슨 일이 생긴 것 같아! 앗! 뉴스 속보에 나오는 저 사람은 바로…!

앞서 학습한 유닛에서 표시된 🔗 문장을 이으면 멋진 슈퍼 히어로 Andrew의 이야기가 펼쳐집니다!

Read the following and answer the questions.

The teacher came in the classroom. Checking his students, ⓑ **he** said, "Jake is missing. Does anyone know where ⓐ **he** is?"[16] With nobody answering, Andrew felt nervous.[17] ⓒ **He** thought, "Not being something ⓓ **he** would do, it means something happened to him.[18] Not having even a single absence from school, ⓔ **he** cannot just play hooky without any notice.[19] Jake's mom saying he had left home as usual, Jake didn't show up at the station nor at school.[20] [**happened, something, have, all, the, considering, Jake, circumstances, bad, might, to,**]!"[21]

After school, everybody was watching a breaking news story on TV. A man wearing a blue mask on his face was speaking, and next to him there was a hostage ⓕ **he** had tied to a chair. It was Jake![22] It was a video the man recorded and sent to the TV station to blackmail Flashman, who was now staring at TV with fury burning in his eyes![23] The masked man said, "Don't try to find out the place where I am.[24] The only person whom I'm interested in is Flashman! ⓖ **He** is the reason why I'm doing this.[25] Flashman, do you remember the day when you put out the fire in your school? That was my artwork, and you disturbed my job. I was going to put out the fire myself and become a new hero![26] I don't know who you really are but I know this boy is a friend of yours. So that's how I will catch you."[27]

* 구문 활용 독해문장 뒤의 번호는 해당 문장이 삽입되어 있는 유닛입니다.

1 **Which is the <u>correct</u> word for the definition?**

very excitable or sensitive; anxious or worried

① exhausted   ② nervous   ③ furious   ④ diligent   ⑤ interested

2 **Which pair is referring to the same person?**

① ⓐ, ⓑ   ② ⓒ, ⓓ   ③ ⓔ, ⓕ   ④ ⓓ. ⓕ   ⑤ ⓒ, ⓖ

3 **Rearrange the given words in correct order.**

모든 상황을 고려해보면, 뭔가 안 좋은 일이 Jake에게 벌어졌을지도 몰라!
[happened, something, have, all, the, considering, Jake, circumstances, bad, might, to]!

Vocabulary

nervous 불안한 | **play hooky** 학교를 땡땡이치다 | **notice** 알림, 예고 | **show up** 나타나다, 등장하다 | **circumstances** 상황, 사정 | **breaking news** 뉴스속보 | **hostage** 인질 | **tie** 묶다 | **blackmail** 협박하다 | **stare** 응시하다 | **fury** 분노 | **burn** 불타다 | **put out** (불을) 끄다 | **artwork** 예술작품 | **disturb** 방해하다 | **catch** 잡다

28

the + 비교급 ～, the + 비교급 ...
'～하면 할수록, 더 …하다'라는 의미이다.

- **The more Pinocchio lies, the longer his nose grows.**
  피노키오가 거짓말을 하면 할수록, 그의 코는 더 길게 자란다.
- **The harder we study, the better our grades become.**
  우리가 더 열심히 공부할수록, 우리의 성적은 더 좋아진다.

---

1 The older we grow, the wiser we become.

2 The less I see him, the more I like him.

3 The richer you become, the greater your worries.

4 A When should I start?

    B The earlier (you start), the better (it is).
      상황상 생략해도 알 수 있는 경우는 생략하기도 해요.

5 The more stressed she gets, the more desserts she eats.

6 The faster she talked, the more perplexed I became.

7 The fewer years you study, the more years you will work.

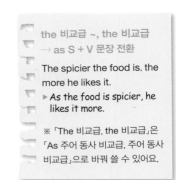

the 비교급 ～, the 비교급
→ as S + V 문장 전환

The spicier the food is, the more he likes it.
▶ As the food is spicier, he likes it more.

※ 「The 비교급, the 비교급」은
「As 주어 동사 비교급, 주어 동사 비교급」으로 바꿔 쓸 수 있어요.

STRESSED
spelled backwords
IS
DESSERTS.
Coincidence?
I guess not!

Grammar ✓ Check

The + 비교급 ～, the + 비교급....	～하면 할수록, 더 …하다

8 The smaller an electronic device is, the more expensive it is.

9 The more difficult a situation is, the stronger my will becomes.

10 My husband thinks the more he pays, the better the quality is.

11 The more my dad works, the less time he spends with my family.

🔗 **12** "The faster you do as I demand, the less painful of an experience your friend will go through."

구문UP **Fill in the blanks using the given words.**

13 The _____ the weather is, _____ _____ crops we have.
(sunny, many)

햇볕이 많으면 많을수록, 우리는 더 많은 작물을 갖는다.

14 _____ _____ a design is, _____ _____ _____ it is used.
(plain, widely)

어떤 디자인이 더 평범할수록, 그것은 더 폭넓게 사용된다.

15 He has eleven dogs to protect his house. _____ _____ dogs he has, _____ _____ he feels. (many, safe)

그는 그의 집을 보호하기 위해 개 11마리를 갖고 있다. 개가 더 많을수록 그는 더 안전하다고 느낀다.

📢 **Vocabulary**

perplexed 당황스러운 | **electronic** 전자의 | **device** 장비, 기기 | **situation** 상황 | **will** 의지 | **demand** 요구하다 | **painful** 고통스러운 | **go through** 겪다 | **crop** 작물 | **plain** 평범한 | **protect** 보호하다

29

UNIT

비교급 and 비교급
'점점 더 ~한/하게'라는 의미이다.

- **We were getting more and more irritated at her comments.**
  우리는 그녀의 말에 점점 더 짜증이 났다.

- **Air pollution is becoming more and more serious.**
  공기 오염이 점점 더 심각해지고 있다.

---

1 I think it is getting colder and colder.

2 Dominique drove faster and faster to get away.

주의

3 Why are people becoming more and more lonely?

more를 쓰는 비교급은 「more and more+원급」으로 써요.

4 The balloon got bigger and bigger and then burst.

5 He talks more and more slowly as he feels displeased.

6 As she grows older, she gets more and more beautiful.

7 Life in the modern world is becoming more and more complex.

Grammar ✓ Check

구조	해석
동사 + 비교급 and 비교급	점점 더 ~한/하게 …되다/하다

*get, become, grow 등의 동사와 자주 사용돼요.

8 Your responsibilities will become heavier and heavier once you have children.

9 As the big day approached, we grew more and more nervous.

10 Although it's almost end of the summer, the weather is getting hotter and hotter.

11 As the rumor spreads, more and more reporters are interviewing the movie star.

🔗 **12** "I'm Aquabsolute who can control water. I'll make your friend feel more and more pain until you take off your mask and reveal your identity on TV."

구문UP Fill in the blanks using the given words.

13 Things are getting _____ _____ _____. (bad)
상황이 점점 나빠지고 있다.

14 As time goes by, my memory is getting _____ _____ _____. (accurate)
시간이 흘러감에 따라서, 나의 기억력은 점점 더 정확해지고 있다.

15 As the cyclist neared the finish line, he pedaled _____ _____ _____. (hard)
그 자전거 선수가 결승선에 가까워지면서, 그는 점점 더 세차게 페달을 밟았다.

💬 **Vocabulary**

irritated 짜증이 난 | **comment** 말 | **pollution** 오염 | **get away** 도망치다 | **burst** 터지다(-burst-burst) | **displeased** 화난 | **complex** 복잡한 | **responsibility** 책임 | **approach** 다가오다, 접근하다 | **control** 통제하다, 다스리다 | **pain** 고통 | **take off** 벗다 | **reveal** 밝히다, 드러내다 | **identity** 정체성 | **things** 상황 | **accurate** 정확한 | **near** 다가가다 | **pedal** 페달을 밟다

30

비교급 라틴계

'-ior'로 끝나는 라틴계 단어들과 prefer의 경우 than 대신에 to를 사용한다.

- **Timothy is four years senior to Steve.**
  Timothy가 Steve보다 네 살 더 많다.

- **This brand-new model is far superior to the old one.**
  이 신형 모델이 구형보다 월등히 우수하다.

1 Andrea is senior to me by six years.

2 All her colleagues are junior to her.

3 Her father's death was prior to her marriage.

4 I prefer public transportation to driving a car.

5 The constitution is superior to all other laws.

6 My sister is three years junior to me.

7 The first product is inferior to the updated version.

Grammar ✔ Check

than 대신 to를 쓰는 비교급	의미
junior to	~보다 직급(학년)이 낮은
senior to	~보다 직급(학년)이 높은
superior to	~보다 우수한
inferior to	~보다 열등한
prefer A to B	B보다 A를 더 좋아하다

주의

8 The man (who is) wearing a hat is actually ten years senior to me.

the man 뒤 '관계대명사+be동사(who is)' 생략되어 있어요.

9 Sam is junior to Ted, but they are the best friends.

10 Jack is superior to Mike in intelligence, but inferior in diligence.

11 Even though they put in a lot of effort, the new product is inferior to their last model.

12 "I intend to show that I'm superior to you in front of the world! Ha! Ha! Ha!"

구문UP Fill in the blanks using the given words.

13 She is _____ _____ me in every way. (superior)

그녀는 모든 면에서 나보다 우수하다.

14 Behave yourselves. We're _____ _____ you. Got that? (senior)

예의바르게 행동해라. 우린 너희보다 선배야. 그거 알겠어?

15 I prefer _____ his way _____ _____ things in my own way.
(follow, do)

나는 나만의 방식으로 무엇을 하기보다 그의 방식을 따라가는 것을 선호한다.

📋 **Vocabulary** ....

brand-new 신형의 | **colleague** 동료 | **public transportation** 대중교통 | **constitution** 헌법 | **intelligence** 지능 | **diligence** 성실 |
intend to ~할 것이다 | **behave oneself** 예의 바르게 행동하다

31

(al)though = even though
'(비록) ~이지만, (비록) ~일지라도'라는 의미로 쓰인다.

UNIT

- **Although the traffic was bad, we arrived on time.**
  교통상황이 안 좋았을지라도, 우리는 제시간에 도착했다.

- **Even though she was not rich, she donated money to charity.**
  비록 그녀가 부유하지는 않지만, 자선단체에 돈을 기부했다.

1 Although the cake does not look nice, it is tasty.

2 Though he is very short and fat, he is swifter than me.

3 We found a table even though the café was crowded.

4 Even though I'm in love, sometimes I get so afraid.

5 Although I liked the hooded T-shirt, I decided not to buy it.

6 Though I know it's impossible, I really want to live in Antarctica.

7 Even though the ring is scratched up, it means everything to me.

Grammar ✓ Check

접속사	의미	해석
though = although = even though	양보	(비록) ~이지만 (비록) ~일지라도

8   Although Anderson is allergic to animal fur, he adores cats and dogs.

9   Even though I had never met her before, I recognized her from a photograph.

10   Although Hose is a terrible actor, many people like him because of his appearance.

11   I will go shopping even though my mom canceled my credit card. I have my dad's!

12   Although the man in the blue mask wanted to keep his location secret, Andrew was able to see where he was.

구문 UP   Fill in the blanks.

13   Alex loves to collect Barbie dolls _____ _____ he is a boy.
Alex는 비록 그가 남자일지라도 바비 인형 수집하기를 좋아한다.

14   A_____ Mariah majored in mathematics, she is poor at simple calculations.
비록 Mariah가 수학을 전공했지만, 그녀는 단순한 계산들을 못한다.

15   Unfortunately, James will not walk again t_____ he has regained consciousness.
불행히도, James는 의식을 회복할지라도, 다시는 걷지 못할 것이다.

📣 **Vocabulary**

donate 기부하다 | **charity** 자선 단체 | **swift** 민첩한 | **crowded** 붐비는 | **hooded** 후드(모자)가 달린 | **Antarctica** 남극대륙 | **scratched up** 흠집이 난 | **adore** 매우 좋아하다 | **recognize** 알아보다 | **appearance** 외모 | **intention** 의도 | **be poor at** ~을 못하다 | **calculation** 계산 | **regain** 회복하다 | **consciousness** 의식

32

UNIT

until / unless
until과 till은 '~할 때까지'라는 의미이고 unless는 '(만약) ~하지 않는다면'의 의미이다.

- **Don't ever leave me until I die.**
  죽는 날까지 날 떠나지 말아요.

- **Health is not valued till sickness comes.**
  병에 걸리기 전까지는 건강이 얼마나 중요한지 모른다.

- **Unless she apologizes to me, I won't speak to her again.**
  그녀가 내게 사과하지 않는다면, 난 그녀와 다시는 말하지 않을 것이다.

1   We have to wait until he arrives.

2   Don't expect to attain success unless you're willing to work hard.

3   I thought that air was free until I bought a bag of chips.

4   We had lived there till the building was rebuilt.

5   Nothing will happen unless we dream.

6   Gollum pretended to be nice until Legolas let down his guard.

Grammar ✓ Check

접속사	의미	해석
until (= till)	시간	~할 때까지
unless	조건	(만약) ~하지 않는다면

7 A I cannot open the door unless you identify yourself.

    B I am a friend of your mother's. Please open it.

8 Practice every day until small changes snowball into big changes.

주의
9 I'll be a captain of this team unless somebody else wants to.

앞의 나온 동사의 반복을 피하기 위해 to만 남긴 것을 대부정사라고 해요.

10 Sammy waited for Josh until it became midnight. But he never came.

주의
11 I won't call him back until he apologizes from the bottom of his heart.

until도 시간의 부사절을 이끄므로 현재시제가 미래를 의미해요.

12 It was the abandoned factory where he used to play with Jake until they started elementary school.

구문UP **Fill in the blanks.**

13 I didn't know she was Ukrainian _____ she spoke.

나는 그녀가 말하기 전까지 그녀가 우크라이나 사람인 것을 몰랐다.

14 You won't be able to win _____ you _____ how to lose. (learn)

네가 지는 법을 배우지 않는다면, 이길 수 없을 것이다.

15 Hyerim was not allowed to get her ears pierced _____ she was 13 years old.

혜림은 13세가 될 때까지 귀를 뚫는 것을 허락받지 못했었다.

💬 **Vocabulary**

attain 이루다 | **be willing to** 기꺼이~하다 | **rebuild** 재건축하다 | **pretend** ~인 체하다 | **let down one's guard** 방심하다 | **identify** 신분을 밝히다 | **A snowball into B** A가 눈덩이처럼 점점 커져서 B가 되다 | **apologize from the bottom of one's heart** 진심으로 사과하다 | **abandon** 버리다 | **factory** 공장 | **pierce** 뚫다

33

once/as long as

once는 '일단 ~하면'의 의미이고, as long as는 '~이기만 하면, ~하는 한'의 의미이다.

● **Once she starts speaking, she never stops.**
일단 그녀가 말하기 시작하면, 그녀는 결코 멈추지 않는다.

● **We'll go hiking as long as the weather is good.**
날씨가 좋기만 하다면 우리는 하이킹을 갈 것이다.

1 Once you have hope, anything's possible.

2 As long as she is happy, I am happy as well.

3 Once China awakens, the world will shake.

4 I can lend my car as long as you promise not to drive fast.

5 Once you taste lamb, you will give up other meats.

6 My lion won't bite you as long as you don't get too close.

7 Once Skyler reads something, she never forgets it.

Grammar ✅ Check

접속사	의미	해석
once	조건	일단 ~하면
as long as	조건	~이기만 하면, ~하는 한

8 I will never come back to this shop as long as I'm alive.

9 Once English people tasted tea, it became their favorite drink.

10 It does not matter how slowly you go as long as you do not stop. – Confucius

11 Once the location of Aquabsolute was identified, there was no reason to hesitate.

12 As long as you love me, I don't care who you are, where you're from, what you did.

참고 역사상 가장 성공한 Boy Band 인 Backstreet Boys의 *As Long As You Love Me*의 가사입니다.

 Fill in the blanks.

13 _____ Sally falls asleep, nothing can wake her up.

일단 Sally가 잠이 들면, 어떤 것도 그녀를 깨울 수 없다.

14 I'll keep going _____ _____ _____ I am physically able to.

내가 신체적으로 할 수 있는 한 나는 계속 나아가겠습니다.

15 _____ this train gets going, it can run for 200 years without fuel.

일단 이 기차가 가기 시작하면, 연료 없이도 200년을 달릴 수 있다.

💬 Vocabulary

awaken 깨어나다 | **lamb** 양 | **identify** 밝히다, 파악하다 | **hesitate** 망설이다 | **physically** 신체적으로 | **fuel** 연료

34

both A and B / not only A but (also) B

both A and B는 'A와 B 둘 다'이고, not only A but also B는 'A뿐만 아니라 B도'라는 의미이다.

- **Both music and dancing are good for relieving stress.**
  음악과 춤 둘 다 스트레스를 푸는데 좋다.

- **The model is famous not only in Korea but also in m other countries.**
  그 모델은 한국에서 뿐만 아니라 다른 여러 나라에서도 유명하다.

1 The little mermaid lost both her voice and love.

2 The man was not only gentle but also humble.
humble as well as gentle로 바꿔쓸 수 있어요.

3 A Both German and Italian are spoken in Switzerland.
A와 B가 불가산명사일지라도 복수취급해요.
   B I know. French is also spoken there.

4 Not only her parents but also her little brother is very strange.
수일치는 B에 해요.

5 Both natto and *cheonggukjang* are healthy fermented foods.

6 Not only Liu Hong but (also) Liu Min was a ping-pong player.
also는 생략해도 돼요.

Grammar ✅ Check

상관접속사	해석	주어일 때
both A and B	A와 B 둘 다	항상 복수 취급
not only A but (also) B	A뿐만 아니라 B도	B에 수와 인칭을 맞춤

7 Both water skiing and windsurfing are popular activities on Kootenay Lake.

주의
8 Not just the volcano eruption but also an earthquake has stricken the country.

only 대신에 just를 쓰기도 해요.

9 Are you going to visit both Norway and Sweden during your trip?

10 A Nancy is allergic not only to pizza but also to *jajangmyeon*.
   B It's a good thing that she isn't allergic to chicken.

주의
11 Not only was it raining all day at the wedding, but also the bride was late.

Not only가 문두로 오면 도치가 되어요.

🔗 **12** Andrew decided to not only rescue Jake but also defeat Aquabsolute at the same time.

구문*UP* **Fill in the blanks using the given words.**

13 _____ _____ _____ _____ _____ were submerged during the flood. (mine, car, her)

그녀의 자동차와 내 차 둘 다 홍수 동안에 침수되었다.

14 I do not like students who _____ _____ come to class _____ _____ _____ _____. (late, unprepared)

나는 지각을 한데다 수업 준비까지 되지 않은 상태로 오는 학생들을 싫어한다.

15 _____ _____ _____ _____ _____ was extremely tired after the school excursion. (the students, the teacher)

학생들뿐만 아니라 선생님도 수학여행 후 극심하게 피곤했다.

📝 **Vocabulary**

relieve 완화하다, 없애주다 | **gentle** 정중한 | **humble** 겸손한 | **ferment** 발효시키다 | **eruption** 분출 | **strike** 강타하다(–struck–stricken) | **rescue** 구조하다 | **defeat** 물리치다, 패배시키다 | **submerge** 물에 잠기다 | **extremely** 극심하게 | **school excursion** 수학여행

35

either A or B/neither A nor B

either A or B는 'A 또는 B', neither A or B는 'A도 B도 아닌'의 의미이다.

U N I T

- **Either taxi or bus is available from the airport.**
  공항에서 택시 또는 버스 이용이 가능하다.

- **Neither Simon nor his girlfriend is going to come tonight.**
  Simon도 그의 여자 친구도 오늘 밤에 오지 않을 것이다.

1 She is either very stupid or very sly.

2 The terrified panda neither opened his eyes nor moved.

주의
3 A You should answer with either yes or no.
  B Sorry?
  or는 either와 같이 사용돼요.

주의
4 Sarah liked neither Toronto nor Vancouver. She prefers the countryside.
  nor는 neither와 같이 사용돼요.

5 Either you run the day or the day runs you.

6 Neither the red one nor the green is available in XX-Large size.

7 I don't care if the bag is either expensive or cheap. I will get it somehow.

 Grammar ✓ **Check**

상관접속사	해석	주어일 때
either A or B	A 또는 B	B에 수와 인칭을 맞춤
neither A nor B	A도 B도 아닌	

8 Lucy was so shocked that she could neither laugh nor cry.

9 You are either with or against us. You decide, today!

10 Neither he nor she was found guilty of robbery.

11 A I think you are either reckless or brave.
 B I'll take that as a compliment.

🔗 **12** He would either solve both problems at once or get into a serious trouble.

구문**UP** **Fill in the blanks.**

13 _____ _____ _____ _____ knows exactly where the path leads.

당신도 그녀도 그 길이 정확히 어디로 이어지는지 알지 못합니다.

14 _____ _____ _____ _____ must have left the water running this morning.

너 또는 내가 오늘 아침에 물을 틀어놓은 게 틀림없다.

15 Don't worry. _____ _____ _____ _____ will have to clean the bathroom. It's my turn today.

걱정 마. 그녀도 너도 화장실 청소 할 필요가 없을 거야. 오늘은 내 차례거든.

💬 **Vocabulary** |||||||||||||||||||||||||||||||||||||||||||||||||||||||||||||||||||||||||||

available 사용 가능한, 구할 수 있는 | **sly** 교활한 | **terrified** 겁먹은 | **run** 움직이다 | **somehow** 어떻게든 | **against** ~에 반대하여 | **be found guilty** 유죄로 판결되다 | **robbery** 절도 | **reckless** 무모한 | **compliment** 칭찬 | **solve** 해결하다 | **at once** 동시에, 한꺼번에 | **turn** 차례

36

UNIT

의문사 있는 간접의문문

의문사가 있는 의문문이 독립적으로 사용되지 않고, 문장의 주어, 보어, 목적어로 사용되는 경우이다.

- **I wonder how Kate learned to play the viola.**
  난 Kate가 어떻게 비올라 켜는 법을 배웠는지 궁금하다.

- **She wants to know why the concert was canceled.**
  그녀는 그 음악회가 왜 취소되었는지 알고 싶어 한다.

1 Do you know where the superstar lives?

2 Could you tell me how much the cookies are?

3 Nobody knows when the car accident happened.

4 Dog I wonder whose shoe this is. Hmm... It seems okay to chew.

주의
5 The police asked the witnesses what the thieves looked like.

목적어가 대명사(what)이므로 like까지 써야 해요.

6 A Hyeonwoo, I'm calling you to ask when our graduation is.
   B Uh-oh. It was yesterday.

주의
7 Who do you think will win the fencing match?

생각동사(think, imagine, guess, suppose, believe 등)가 나오면 의문사가 문두로 도치해요.

Grammar ✓ Check

동사의 종류	be동사	일반동사	조동사
직접의문문	의문사 + be동사 + 주어 ~	의문사 + do/does/did + 주어 + 동사 ~	의문사 + 조동사 + 주어 + 동사 ~
간접의문문		의문사 + 주어 + 동사 ~	의문사 + 주어 + 조동사 + 동사 ~

*의문사 자체가 주어로 쓰이는 경우도 있어요.

8 Liz wanted to know whom I was taking to the party as my date.

주의
9 She quietly asked me what **had seen** at the haunted house.
물어본 것보다 본 것이 더 먼저 일어나서 대과거로 써야 해요.

10 She was unable to answer where she was the night when her husband was murdered.

11 Don't know where your kids are in the house? Turn off the Wi-Fi, and they'll show up quickly.

12 In a flash, our hero Flashman appeared right in front of Aquabsolute, who demanded to know how he managed to find him.

구문**UP** **Fill in the blanks using the given words.**

13 The clown asked me _____ _____ _____ _____ to pop.
(balloon, want)

그 광대는 나에게 어느 풍선을 터뜨리고 싶냐고 물었다.

14 We wonder _____ _____ _____ _____ her job. None of us think she is a good employee. (keep)

우리는 Clara가 어떻게 그녀의 일자리를 지켜왔는지 궁금하다. 우리들 중 아무도 그녀가 좋은 직원이라고 생각하지 않는다.

15 _____ _____ _____ _____ _____ will come?
(think, the bus)

버스가 언제 올 것이라고 생각하니?

📋 **Vocabulary**

witness 목격자 | **graduation** 졸업식 | **haunted** 귀신이 나오는 | **murder** 살해하다 | **demand** 요구하다 | **manage to** 간신히 ~하다, 그럭저럭 ~하다 | **clown** 광대 | **pop** 터뜨리다

37

UNIT

의문사 없는 간접의문문
의문사가 없는 간접의문문은 if나 whether로 문장을 연결해준다.

- **Can you tell me whether Tiffany is interested in the game?**
  Tiffany가 그 게임에 관심 있는지 알려줄 수 있니?

- **Jackson wonders if his girlfriend was pleased with the present or not.**
  Jackson은 그의 여자 친구가 그 선물에 기뻐했는지 아닌지 궁금하다.

1 Clark asked Lois if she had met Superman.

2 I would like to know if she remembers my name.

3 We are not sure whether he can beat the champion.

주의
4 Jon asked me if I had seen that movie or not.
　　　　　　if나 whether를 사용할 때 문미에 or not을 쓸 수 도 있어요.

주의
5 He asked Genie whether or not he could grant his wish.
　　　　whether는 or not가 붙여 쓸 수 있어요.

6 She wonders whether her father is pleased with the present.

7 Jessica asked her sister whether she had taken her shoe lifts.

Grammar ✓ Check

동사의 종류	be동사	일반동사	조동사
직접의문문	be동사 + 주어 ~	do/does/did + 주어 + 동사 ~	의문사 + 조동사 + 주어 + 동사 ~
간접의문문	if[whether] + 주어 + 동사 ~		if[whether] + 주어 + 조동사 + 동사 ~

8 The real problem is not whether machines think but whether men do.

앞의 think를 대신해서 쓴 대동사예요.

9 I called my friend in Japan to check if she was fine after the terrible earthquake.

10 The part-timer asked me if I had a boyfriend, but I didn't answer him.

11 I'm not sure if we can receive a mobile phone signal in the forest.

12 Flashman first asked Jake if he was okay, and then said to Aquabsolute, "You shouldn't have done this."

구문UP **Fill in the blanks.**

13 I'm not quite sure _____ I'm a pretty boy like people say.

난 사람들이 말하는 것처럼 내가 꽃미남인지 잘 모르겠다.   접속사로도 쓰여요.

14 No one can tell _____ Shakespeare really wrote his plays _____ _____.

셰익스피어가 정말로 그의 희곡들을 썼는지 아닌지는 아무도 모른다.

15 The researchers are wondering _____ _____ _____ they can receive a government grant.

연구자들은 그들이 정부보조금을 받을 수 있을지 궁금해한다.

📋 **Vocabulary**

beat 이기다 | **champion** 챔피언 | **grant wish** 소원을 들어주다 | **shoe lift** 키높이 깔창 | **part-timer** 시간제 근무직 직원 | **signal** 신호 | **pretty boy** 꽃미남 | **tell** 알다, 판단하다 | **researcher** 연구자 | **government** 정부 | **grant** 보조금

꼬리에 꼬리를 무는 문장 ❸

Flashman! 감히 네가 나의 일을 방해하다니. 용서할 수 없다. 네 친구는 내가 데리고 있지. 오늘 정말 우월한 자가 누구인지 밝혀주고야 말겠다!

앞서 학습한 유닛에서 표시된 🔗 문장을 이으면
멋진 슈퍼 히어로 Andrew의 이야기가 펼쳐집니다!

Read the following and answer the questions.

"The faster you do as I demand, the less painful of an experience your friend will go through.²⁸ I'm Aquabsolute who can control water. I'll make your friend feel more and more pain until you take off your mask and reveal your _____(A)_____ on TV.²⁹ I intend to show that I'm superior to you in front of the world! Ha! Ha! Ha!"³⁰

Although the man in the blue mask wanted to keep his location secret, Andrew was able to see where he was.³¹ It was the abandoned factory where he used to play with Jake until they started elementary school.³² **[reason, hesitate, the, identified, of, Aquabsolute, location, was, there, once, was, no, to].**³³ Andrew decided to not only rescue Jake, but also defeat Aquabsolute at the same time.³⁴ He would either solve both problems at once or get into a serious trouble.³⁵

In a flash, our hero Flashman appeared right in front of Aquabsolute, who demanded to know how he managed to find him.³⁶ Flashman first asked if Jake was okay, and then said to Aquabsolute, "You shouldn't have done this."³⁷

* 구문 활용 독해문장 뒤의 번호는 해당 문장이 삽입되어 있는 유닛입니다.

1 **Write the <u>right</u> word for the blank.**

When entering someone's home, you should t____ o____ your shoes.

2 **Which is the <u>best</u> word for the blank (A)?**

① family   ② voice   ③ desire   ④ aptitude   ⑤ identity

3 **Rearrange the given words in the correct order.**

일단 Aquabsolute의 위치가 밝혀진 한 망설일 이유가 없었다.

[reason, hesitate, the, identified, of, Aquabsolute, location, was, there, once, was, no, to].

Vocabulary

control 통제하다, 다스리다 | **pain** 고통 | **take off** 벗다 | **reveal** 밝히다, 드러내다 | **intend to** ~할 것이다 | **superior** 우월한, 월등한 | **in front of** ~의 앞에 | **abandon** 버리다 | **factory** 공장 | **identify** 밝히다, 파악하다 | **hesitate** 망설이다 | **rescue** 구조하다 | **defeat** 물리치다, 패배시키다 | **solve** 해결하다 | **at once** 동시에, 한꺼번에 | **appear** 나타나다 | **demand** 요구하다 | **manage to** 간신히 ~하다, 그럭저럭 ~하다

38

가정법 과거
현재 사실에 반대되는 일이나 실현 가능성이 희박한 일을 가정하며, '～라면, …할 텐데'라고 해석을 한다.

- **If she were in her office, she would answer the phone.**
  그녀가 사무실에 있다면, 전화를 받을 텐데.
- **What would you do if you became the president?**
  대통령이 된다면 넌 무엇을 할 거니?

1 If Monday had a face, I would punch it.

2 If I were rich, I wouldn't study this book.

3 A What would happen if there were no heaven?
  B There would be no hell, either?

주의
4 If Mr. Ferguson was not so lazy, he could find a job quickly.
  were가 원칙이지만 was도 써요.

5 If money grew on trees, we wouldn't need to work.

주의
6 If it were not for electricity, Iron Man couldn't exist.
  were it not for로 도치될 수 있어요.

7 Would you know my name if I saw you in heaven?

참고 죽은 아들을 위해 만든 Eric Clapton의 *Tears In Heaven*의 노래가사입니다.

Grammar ✓ Check

가정법 과거

부사절	주절
If + 주어 + 동사의 과거형 ~,	주어 + [would / could / should / might] + 동사원형 ~.

8   A What would you do if you were bitten by a vampire?

   B I would find him and bite him back.

(주의)

9   A If she were really, really angry, she wouldn't text me, right?

   B Read the text again. What does it say?

say에는 '~라고 쓰여있다'라는 뜻도 있어요.

(주의)

10 Were I in your shoes, I would be thankful for what I have.

If I were의 도치이고 도치될 경우는 was는 안써요.

11 If life were easy, it would be so boring that we wouldn't learn anything from it.

🔗 **12** "If you were smart enough not to harm my friend, I would forgive you... But now I can't forgive you."

(구문**UP**) **Fill in the blanks using the given words.**

13 What _____ you _____ if you _____ a millionaire? (do, be)

네가 백만장자라면 무엇을 할거니?

14 If you _____ _____ choose between money and fame, which one _____ it _____? (have, to, choose, be)

돈과 명예 중 하나를 선택해야 한다면, 어떤 것을 선택하겠니?

15 If there _____ only one guy in this world, _____ you _____ me as your boyfriend? (be, pick)

만약 세상에 남자가 한 명만 있다면, 너는 나를 네 남자친구로 선택할래?

💬 **Vocabulary** ||||||||||||||||||||||||||||||||||||||||||||||||||||||||||||||||||||||||||||||||||||||||||||||||||||||||||||||

punch 주먹으로 치다 | **electricity** 전기 | **text** 문자하다 | **be in one's shoes** ~의 입장이다 | **silly** 어리석은 | **harm** 해를 끼치다 | **forgive** 용서하다 | **fame** 명예

39

가정법 과거완료
과거 사실에 반대되는 내용을 가정하며, '~였다면, …했을 텐데'라고 해석을 한다.

U N I T

- **If I had known her address, I would have visited her.**
  내가 그녀의 주소를 알았더라면, 그녀를 방문했을 텐데.
- **If she had told the truth, she would have been praised.**
  그녀가 진실을 말했더라면, 칭찬을 받았을 텐데.

1 If it had snowed, we could have gone snowboarding.

2 If he hadn't called me, I wouldn't have been able to make it on time.

3 If Aoki had kept playing the violin, she could have become a great performer.

4 If Adrian hadn't listened to his coach, he couldn't have won the race.

5 Tara wouldn't have slipped and twisted her ankle,
  if she hadn't run down the stairs.

6 If they had punished their son more sternly,
  he wouldn't have become spoiled.

7 What would you have done if you had been me?

Grammar ✅ Check

가정법 과거완료

부사절	주절
If + 주어 + had + p.p. ~,	주어 + [would / could / should / might] + have + p.p. ~.

주의

8 If he had had a good time on the blind date, he wouldn't have gone home
앞의 had는 조동사이고 뒤의 had는 일반동사 have의 과거분사형태예요.
so early.

주의

9 Had it not been for my little sister's interruptions, I could have taken a nap.
If it had not been for~의 도치구문이예요.

10 If you had told me what would happen in the future, I could have avoided the car accident.

11 Donna couldn't have run her restaurant so successfully, if she hadn't loved Thai food so much.

🔗 12 "If you had not started the fire and tried to hurt those innocent people, I wouldn't have to punish you. But now, I'll make you regret what you have done!"

구문UP Fill in the blanks using the given words.

13 _____ _____ _____ _____ a real jewelry, it would have shone much brighter. (be)
그것이 진짜 보석이었더라면, 그것은 훨씬 더 밝게 빛났을 텐데.

14 I _____ _____ _____ some items to the food drive, if I _____ _____ less busy. (donate, be)
내가 덜 바빴다면, 무료 급식 운동에 몇몇 물품을 기부했었을 텐데.

15 _____ you _____ _____ "Yes" if I _____ _____ you to rob the bank that night? (answer, ask)
내가 너에게 그날 밤에 은행을 털자고 요청했으면, "응"이라고 대답했을 거니?

📝 **Vocabulary**

make it 도착하다 | **performer** 연주자 | **slip** 미끄러지다 | **twist one's ankle** 발목을 삐다 | **punish** 벌하다 | **sternly** 엄하게 | **spoil** 버릇없이 키우다 | **blind date** 소개팅 | **interruption** 방해 | **take a nap** 낮잠을 자다 | **run** 운영하다 | **regret** 후회하다 | **donate** 기부하다 | **food drive** 무료 급식 운동 | **rob** 털다, 훔치다

I wish + 가정법

I wish 다음에 가정법 과거가 나오면 '~라면 좋을 텐데'로 가정법 과거완료가 나오면 '~였다면 좋을 텐데'로 해석을 한다.

- **I wish I could speak Chinese and Japanese.**
  중국어와 일본어를 말할 수 있다면 좋을 텐데.

- **I wish I hadn't revealed my secret to him.**
  그에게 내 비밀을 밝히지 않았다면 좋을 텐데.

1 I love Sydney. I wish I were there right now.

2 I wish I could wear anything I want.

3 What a wonderful life I've had! I only wish I had realized it sooner.

4 (주의) Qin Shi Huang I wish (that) I wouldn't die so I could live forever.
that은 생략가능해요.

5 I wish Naomi had spent more time with us in recent years.

6 (주의) I wish I were special. But I'm a creep. I'm a weirdo.
원래 가사는 was로, 구어체에서는 가능해요.

7 I wish I had tried harder to resolve the misunderstanding with her.

(참고) 영국을 대표하는 얼터너티브 락 밴드인 Radiohead가 부른 *Creep*의 가사입니다.

Grammar ✓ Check

I wish + 가정법

주절	종속절 (접속사 that 생략가능)	해석
I wish	주어 + 동사의 과거형 ~.	~라면 좋을 텐데.
	주어 + had + p.p. ~.	~였다면 좋을 텐데.

8 A Let's take a coffee break, shall we?

Let's ~의 부가의문문은 shall we?예요.

B I wish I could but I can't.

 9 I wish I had had more freedom to enjoy life and travel the world while young.

to enjoy와 병렬구조라 traveled로 쓰면 안 돼요.

10 I wish I lived in a world where mosquitos suck fat instead of blood.

11 I wish she had just told me how she felt about me when I asked her out.

12 Aquabsolute answered, "I wish those were enough for your final words on earth because I'm going to destroy you right here, right now!"

구문UP **Fill in the blanks using the given words.**

13 I wish Einstein _____ still alive. (be)
아인슈타인이 아직 살아있다면 좋을 텐데.

14 I wish my parents _____ _____ me to buy a motorbike. (allow)
부모님께서 내가 오토바이를 사도록 허락했다면 좋을 텐데.

15 I wish our children _____ _____ in a world free from wars and hatred. (live)
우리 아이들이 전쟁과 증오가 없는 세상에서 살 수 있다면 좋을 텐데.

💬 **Vocabulary**

realize 깨닫다 | **creep** 불쾌한 사람 | **weirdo** 이상한 사람 | **resolve** 풀다, 해결하다 | **suck** 빨다 | **instead of** ~대신에 | **ask ~ out** ~에게 데이트 신청하다 | **hatred** 증오

41

as if + 가정법

as if 다음에 가정법 과거가 나오면 '마치 ~인 것처럼'으로, 가정법 과거완료가 나오면 '마치 ~였던 것처럼'으로 해석을 한다.

- **Bora acts as if she were a movie star.**
  보라는 마치 영화배우인 것처럼 행동한다.

- **He talks as if he had been a famous chess player.**
  그는 마치 유명한 체스선수였던 것처럼 말한다.

1 Live each day as if it were your last.

2 Irene behaved very strangely as if she had been bewitched.

주의
3 I know every detail of the story as though it were my own story.
　　　　　　　　as if 대신에 as though를 쓸 수 있어요.

4 She looked dizzy as if she had just gotten off a roller coaster.

주의
5 Carrie acted as if she weren't a minor.
　　　　주절이 과거일지라도 as if 절이 과거이면 주절과 같은 시제를 나타내요.

6 Nina teaches dance as though she had been
a professional dancer.

7 Dave talks as if he knew everything about the accident.

▶ Grammar ✓ Check

as if[as though] + 가정법

주절	부사절	해석
주어 + 동사의 현재형 ~	as if 주어 + 동사의 과거형...	마치 ~인 것처럼 ...한다[이다].
	as if 주어 + had + 과거분사...	마치 (이전에) ~이었던 것처럼 ...한다[이다].
주어 + 동사의 과거형 ~	as if 주어 + 동사의 과거형...	마치 (당시에) ~인 것처럼 ...했다[이었다].
	as if 주어 + had + 과거분사...	마치 (더 이전에) ~이었던 것처럼 ...했다[이었다].

8 Kevin ate as if he were an elephant. He must have been starving.

9 Live as if you were to die tomorrow. Learn as if you were to live forever.
– Mahatma Gandhi

10 Adam looks as if nothing had happened. He may be dealing with the trauma quite well.

11 They laughed as if they were children again. They looked so happy.

🔗 **12** "It's funny that you are acting as if you hadn't done anything wrong. You used your powers this morning not to be late for school. That's using your powers for yourself, isn't it?" he continued.

구문UP Fill in the blanks using the given words.

13 The detective is looking at me _____ _____ I _____ guilty. (be)
그 탐정은 마치 내가 유죄인 것처럼 나를 보고 있다.

14 The old man talked _____ _____ he _____ _____ a war veteran. (be)
그 노인은 마치 그가 (더 이전에) 참전용사였던 것처럼 말했다.

15 Her eyes look _____ _____ she _____ _____ for a long time. In fact, she has an eye infection. (cry)
그녀의 눈이 마치 오랫동안 울었던 것처럼 보인다. 사실은 그녀는 눈병이 났다.

💬 **Vocabulary** ||||||||||||||||||||||||||||||||||||||||||||||||||||||||||||||||||||||||||||||||||||||||||||||||||||

chess 체스 | bewitch 마법을 걸다 | dizzy 어지러운 | get off 내리다 | pretend ~인 체하다 | minor 미성년자 | accident 사건 | starve 굶주리다 | deal with 대처하다 | trauma 정신적 외상, 트라우마 | detective 탐정 | war veteran 참전용사 | eye infection 눈병

42

강조의 do

조동사인 do[does/did]를 동사 앞에 붙이며 '정말로'라는 강조의 의미이다.

UNIT

- **Sora does enjoy math and science.**
  소라는 수학과 과학을 정말로 좋아한다.

- **Catherine did love him, but she couldn't get the words out.**
  Catherine은 그를 정말로 사랑했지만, 말로는 내뱉지 못했다.

1 Clerk Oh dear! You do look pretty in this dress.

2 A You said you would phone me!
  B I did phone you! But you didn't answer.

3 She does owe me a lot of money.

4 He did meet the president on the street last week.

5 Micky Mouse does seem like the cutest mouse in the world.

6 I did call on her yesterday. However, she said she didn't hear the doorbell.

7 Did you ever think about why Sophia does like to wear only this clothing brand?

Grammar ✓ Check

현재시제		과거시제	
be동사	일반동사	be동사	일반동사
do/does + be ~	do/does + 동사원형 ~	did + be ~	did + 동사원형 ~

8   Turner did get a perfect score on his driver's test.

주의

9   Silence does do good for those who suffer from a lot of stress.
'does'는 강조, 'do'가 본동사예요.

10   I did see a ghost last night! She asked me which colored toilet paper I wanted.

11   This region did benefit from global warming as their crop production increased this year.

🔗 **12**   Andrew answered, "I do believe I am a good hero. I was concerned about Jake this morning. I use my power only for other people."

구문UP   Fill in the blanks using the given words.

13   Some people _____ _____ reptiles. Others _____ _____ rodents. (hate)
어떤 사람들은 파충류를 매우 싫어하고 어떤 사람들은 설치류를 매우 싫어한다.

14   She _____ _____ her son as much as her parents _____ her. (love)
그녀는 그녀의 부모가 그녀를 사랑했던 것만큼 자신의 아들을 매우 사랑한다.

15   Alex _____ _____ well when he _____ in front of the judges.
(sing, perform)
Alex는 심사위원들 앞에서 공연했을 때, 노래를 정말 잘했다.

💬 **Vocabulary** ▌▌

owe somebody something 누군가에게 ~을 빚지다 | **call on** 방문하다 | **stick to** 집착하다, 고수하다 | **silence** 침묵 | **do good** 도움이 되다 |
suffer 겪다, 고생하다 | **region** 지역 | **benefit from** ~ 때문에 이익을 보다 | **global warming** 지구온난화 | **crop** 작물 | **production** 생산 |
reptile 파충류 | **rodent** 설치류

43

UNIT

It ~ that... 강조 문장

「It is[was] 강조할 문장 성분 that ~강조될 것을 제외한 문장성분」으로 나타내며, '…한 것은 다름 아닌 ~이다'로 해석한다.

- **It was fear that first made gods in the world.**
  세상에서 처음으로 신을 만든 것은 다름 아닌 두려움이었다.

- **It was last Sunday that a thief broke the window.**
  도둑이 창문을 깬 것은 다름 아닌 지난 일요일이었다.

1 It was Yeji that made me *bibimbap* yesterday.

2 It was *bibimbap* that Yeji made me yesterday.

3 It was yesterday that Yeji made me *bibimbap*.

주의
4 It was Napoleon who invented canned food.
   강조되는 것이 사람일 때는 who도 써요.

5 It is a candy that he gave his daughter to stop her crying.

6 A I think I saw your sister yesterday.
   B Oh, it was my mother that you saw yesterday.

7 It was in the library that we quarrelled with each other for the first time.

Grammar ✓ Check

현재시제	It is	강조할 문장성분		강조된 것을 제외한 문장성분
과거시제	It was	[주어/목적어/보어/수식어]	that(who)	

8   It is loneliness that welcomes me when I come back home.

9   It was Gauss that came up with the solution to the puzzling math question.

10   It is humans that create unpredictable factors in the ecosystem.

11   It was in 1988 that my father graduated from middle school.

🔗 12   "It is you who is a villain since you use your powers only for yourself and to harm others!"

구문 UP   Fill in the blanks using *be* verb the given words.

13   _____ _____ the humidity _____ I can't stand.
내가 견딜 수 없는 것은 바로 습기이다.

14   _____ _____ on a log bridge _____ I encountered my enemy.
내가 원수를 우연히 만난 곳은 바로 외나무 다리였다.

15   _____ _____ a bunch of flowers _____ Dickson gave Olivia in the park last night.
어젯밤 공원에서 Dickson이 Olivia에게 준 것은 바로 꽃다발이었다.

💬 **Vocabulary** ▏▏

quarrel 말싸움하다 ▏ **loneliness** 외로움 ▏ **come up with** 생각해 내다 ▏ **puzzling** 헷갈리게 하는, 난해한 ▏ **unpredictable** 예측 불가능한 ▏
ecosystem 생태계 ▏ **humidity** 습기 ▏ **log bridge** 통나무 ▏ **encounter** 우연히 만나다

44

so + 동사 + 주어 / neither[nor] + 동사 + 주어

「so + 동사 + 주어」는 앞에 나온 문장이 긍정일 때 '주어도 그렇다.'라는 긍정 동의이고, 「neither[nor] + 동사 + 주어」는 부정일 때 '주어도 그렇지 않다.'라는 부정 동의이다.

- **Cindy loves dancing, and so does Bora.**
  Cindy는 춤추는 것을 좋아하는데 보라도 그렇다.

- **Nancy didn't go to the regular meeting, and neither did I.**
  Nancy는 그 정모에 가지 않았으며, 나도 그렇다.

---

1 Homeless I am hungry.

   Passerby So am I.

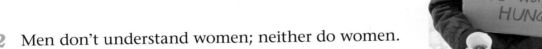

2 Men don't understand women; neither do women.

3 Hiroki is a comic book maniac. So is Ayako.

4 A I think that the moonlight is beautiful.

   B So do I.

   is가 아닌 think를 대신해서 쓰므로 do를 써야 해요.

5 A Her parents don't want her to marry him.

   B Neither do his parents.

6 A You always drive me crazy.

   B So do you.

Grammar ✓ Check

동사의 종류	be동사	일반동사	조동사
긍정의 동의	so + be동사 + 주어	so + do/does/did + 주어	so + 조동사 + 주어
부정의 동의	neither[nor] + be동사 + 주어	neither[nor] + do/does/did + 주어	neither[nor] + 조동사 + 주어

7 A Benjamin doesn't like wearing pajamas when he sleeps.
  B Nor do I.

8 Earth, wind, and fire make a kind of music, and so does the sea.

9 My dad should eat breakfast in the morning. So should I.

10 Stella wants to become a writer when she grows up. So does her twin sister.

주의
11 Jennifer doesn't speak softly when she talks on the phone, nor does her mom.

nor는 and neither의 의미로 접속사의 역할도 해요.

🔗 **12** Aquabsolute suddenly made a water barrier between Flashman and himself. He then said, "So will you, someday. Didn't the God of Inner Power tell you?"

구문**UP** **Fill in the blanks.**

13 A I am not into hip hop.
  B _____ _____ I.

A: 나는 힙합을 별로 안 좋아해. B: 나도 안 좋아해.

14 A Paju is a really good place to live in.
  B _____ _____ Jeonju.

A: 파주는 살기에 정말 좋은 곳이야. B: 전주도 그래.

15 My wife hasn't washed a single dish for a week, and _____ _____ I.

내 아내는 일주일 동안 단 한 개의 접시도 설거지한 적이 없고, 나도 그러하다.

📖 **Vocabulary** |||||||||||||||||||||||||||||||||||||||||||||||||||||||||||||||

comic book maniac 만화책 광 | **sunset** 일몰 | **drive ~ crazy** ~를 미치게 만들다 | **earth** 흙, 땅, 토양 | **suddenly** 갑자기 | **barrier** 장벽, 장애물 | **be into** ~을 좋아하다

with + 명사 + 형용사/부사(구)

「with + 명사 + 형용사/부사(구)」는 '~가 …한 채'라는 의미이다.

- **She advised me not to talk with my mouth full.**
  그녀는 내게 입에 가득 음식을 넣은 채로 말하지 말라고 충고했다.

- **We should not sleep with the lights on.**
  우리는 전등을 켠 채로 자지 말아야 한다.

- **She stood at the bus stop with tears in her eyes.**
  그녀는 눈에 눈물이 고인 채로 버스 정류장에 서 있었다.

1 He listens to music with the TV on.

 2 Fish sleep with their eyes open.
   fish는 단복수형태가 같아요.

3 His mother was slicing *tteok* with the lights off.

4 She was whistling with a pencil in her mouth.

5 The sky is deep blue with no clouds at all.

6 He was waiting for the bus with a book under his arm.

7 The baby walked on the grass with his shoes off.

8 He was standing behind the door with the cake in his hands.

9 Amy is saying goodbye to her friends with a smile on her face.

10 Thousands of people are rushing to the concert hall with their tickets in their hands.

11 Jeez. The seven princesses called me from the alley with their hands in their pockets.

12 "I know you get your powers from an electromagnetic field. With this water barrier between you and me, you cannot attack me without getting an electric shock by your own superpower!"

구문 UP Fill in the blanks using the given words.

13 She usually speaks _____ _____ _____ _____ of food.
(her, full)

그녀는 보통 입에 음식이 가득 찬 채로 말한다.

14 Don't walk down the snowy road _____ _____ _____ _____
your pockets. (your, in)

너의 손을 주머니에 넣은 채 눈길을 걷지 마라.

15 Seungryong lay down on the bed _____ _____ _____ _____
because he was exhausted. (his, on)

승룡은 너무 지쳤기 때문에 그의 코트를 입은 채 침대에 누웠다.

📝 **Vocabulary** ....

nowhere 어디에도 | Jeez 이런 | alley 골목길 | electromagnetic field 전자기장 | barrier 장벽, 장애물 | lie down (자거나 쉬려고) 눕다

46

부사 도치

장소의 부사가 문장의 맨 앞에 나오면 「자동사 + 명사 주어」의 어순이 된다. 단, 주어가 대명사일 경우는 도치가 발생하지 않는다.

UNIT

- **On the platform stood a strange robot.**
  이상한 로봇이 승강장에 서 있었다.
- **In the middle of difficulty lies opportunity.**
  어려움의 한가운데에 기회가 존재한다.

1 A Here is your change.

   B Keep the change.

2 There you go again.

3 On the doorstep was a bunch of flowers.

4 There sits a yellow dog, waiting for its owner.

5 A Where is Wally?

   B There he is.
   대명사일 경우는 도치가 일어나지 않아요.

6 Here is the iced americano you ordered.

7 Beneath the grave was another body.

Grammar ✔ Check

| 장소의 부사구 + | 존재, 출현 등의 의미를 지니는 자동사 + 명사 주어 ~. |
| | 대명사 주어 + 동사 ~. (대명사 주어는 도치가 발생하지 않음) |

*존재, 출현 등의 의미를 지니는 자동사: be, exist, lie, stand, sit, live, appear, occur, happen, come, walk, run 등

8 There was a farmer who had a dog, and Bingo was his name-o!

There is 구문에서 주격관계대명사는 생략될 수도 있어요~

9 On the table are many dishes of traditional foods.

주어가 table이 아니라 dishes이므로 are를 써야 해요.

참고 '옆집에 사는 개 이름 빙고라지요'의 영어노래입니다.

10 Far from her house lives her mother-in-law.

11 In front of his car lay a huge meteor that just fell from the sky.

12 To his mind came the fact that the Earth is round, so Flashman ran the opposite direction all the way around the planet and smacked Aquabsolute on his rear side.

구문UP **Fill in the blanks using the given words.**

13 Out the front door _____ _____ in black suits. (men, come)

검은 정장을 입은 남자들이 정문 밖으로 나왔다.

14 On the shoulders of our young men _____ _____ _____.
(military, fall, duty)

국방의 의무가 우리 젊은이들 어깨위에 놓여있다.

15 Allan controlled all his fear and _____ _____ _____ into the sky.
(jumped, down, he)

Allan은 모든 그의 두려움을 억제하고 하늘로 뛰어내렸다.

💬 **Vocabulary** ||||||||||||||||||||||||||||||||||||||||||||||||||||||||||||||||||||||||||||||||||||||||||||||||||||||||||||||||

opportunity 기회 | **body** 시체 | **meteor** 유성 | **come to one's mind** 어떠한 생각이 ~에게 떠오르다 | **opposite** 반대의 | **direction** 방향 |
all the way 완전히 끝까지 | **smack** 치다, 때리다 | **rear** 뒤쪽의 | **suit** 양복 | **military** 군의 | **duty** 의무

UNIT 47

부정어 도치

부정의 어구인 Little, Hardly, Never, Only 등이 문장의 맨 앞에 나오면 뒤따르는 문장은 의문문 어순이 된다.

- **Little did I dream that I should meet him again.**
  그를 다시 만날 거라고 전혀 꿈도 꾸지 못했다.

- **Not until this morning did she know the fact.**
  오늘 아침까지 그녀는 그 사실을 몰랐다.

1   Never have we heard such a horrible story.

2   Rarely will I eat chocolate after dinner.

3   Seldom do people hear a politician say "Sorry."

4   Never will I work with this selfish brat again.

5   Hardly could he be tolerant of her behavior.

6   Not once did she compliment her son.

7   Little did I know that I would be a doctor one day.

8   Not only is Tanya a great dancer but she is also a great singer.

Grammar ✓ Check

부정어(구) [Little/Hardly/Never/Only 등]	be동사 + 주어 ~.
	do/does/did + 주어 + 동사원형 ~.
	조동사 + 주어 + 동사원형 ~.
	have + 주어 + p.p. ~.

9 Hardly do we recognize how significant a hardship is while overcoming it.

10 Only after Ben opened the present did he realize how much he loved Cathy.

11 No sooner does my grandma say something than she forgets it.

🔗 **12** "Never will you threaten my friends again!" thundered Flashman. And so another adventure of our good hero comes to the end.

구문 UP Fill in the blanks using the given words.

13 Never _____ _____ _____ rabbit meat before. (have, eat)
그들은 전에 단 한 번도 토끼 고기를 먹어본 적이 없다.

14 Hardly _____ _____ _____ English when talking to her parents. (Sally, speak)
Sally는 그녀의 부모님께 말씀드릴 때는 거의 영어로 말하지 않는다.

15 Not until I watched the CCTV _____ _____ _____ who stole my wallet. (discover, I)
내가 비로소 CCTV를 보고 난 후, 누가 내 지갑을 훔쳤는지 알아챘다.

💬 **Vocabulary** ||||||||||||||||||||||||||||||||||||||||||||||||||||||||||||||||||||||||||||||||||||||

politician 정치인 | **selfish** 이기적인 | **brat** (버릇없는) 녀석 | **tolerant** 잘 견디는 | **compliment** 칭찬 | **recognize** 인식하다, 알다 | **significant** 중요한 | **hardship** 고난, 역경 | **overcome** 극복하다 | **sleep mode** 절전모드 | **include** 포함하다 | **reference** 참고 | **realize** 깨닫다 | **discover** 발견하다

꼬리에 꼬리를 무는 문장 ❹

앞서 학습한 유닛에서 표시된 🔗 문장을 이으면
멋진 슈퍼 히어로 Andrew의 이야기가 펼쳐집니다!

내 친구를 인질로 잡고 사람들을
위험에 빠뜨리게 하다니 용서할 수
없어! 지구 한바퀴를 돌아서라도
정의의 심판을 내려주마!

Read the following and answer the questions.

"If you were smart enough not to harm my friend, I would forgive you... But now
I can't forgive you.³⁸ If you had not started the fire and tried to hurt those innocent
people, I wouldn't have to punish you. But now, I'll make you ① **regret** what you have
done!"³⁹

Aquabsolute answered, "I wish those were enough for your final words on earth
because I'm going to destroy you right here, right now!⁴⁰ It's funny that you are acting
② **as if** you hadn't done anything wrong. You used your powers this morning ③ **not to**
be late for school. That's using your powers for yourself, isn't it?" he continued.⁴¹

Andrew answered, "I do believe I am a good hero. I ④ **was concerned about** Jake this
morning. I use my power only for other people.⁴² [you, villain, your, powers, harm,
others, and, it, is, who, is, a, since, you, use, only, for, yourself, to]!"⁴³ Aquabsolute
suddenly made a water barrier between Flashman and himself. He then said, "So will
you, someday. Didn't the God of Inner Power tell you?⁴⁴ I know you get your powers
from an electromagnetic field. With this water barrier between you and me, you cannot
attack me without getting an electric shock by your own superpower!"⁴⁵

To his mind came the fact that the Earth is round, so Flashman ran the opposite
direction ⑤ **all the way** around the planet and smacked Aquabsolute on his rear side.⁴⁶
"Never will you threaten my friends again!" thundered Flashman. And so another
adventure of our good hero comes to the end.⁴⁷

* 구문 활용 독해문장 뒤의 번호는 해당 문장이 삽입되어 있는 유닛입니다.

1 Which of the following does <u>not</u> match?

① ～를 후회하다   ② 만약 ～라면

③ ～하지 않기 위해   ④ ～에 대해 걱정스러웠다

⑤ 완전히

2 Which of the following cannot be inferred?

① Aquabsolute은 불을 지른 적이 있다.

② Aquabsolute는 Flashman이 잘못한 일이 없다고 생각한다.

③ Aquabsolute는 자신과 Andrew 사이에 물 장벽을 만들어 방어했다.

④ Flashman은 빠른 속도로 지구를 한 바퀴 돌았다.

⑤ Andrew는 적을 물리친 후, Jake를 구했다.

3 Rearrange the given words in correct order.

오직 스스로를 위해, 그리고 다른 이들에게 해를 끼치는 데 너의 힘을 쓰는 악당은 바로 너라고!
[you, villain, your, powers, harm, others, and, it, is, who, is, a, since, you, use, only, for, yourself, to]!

Vocabulary

harm 해를 끼치다 | **forgive** 용서하다 | **innocent** 죄없는 | **punish** 벌주다 | **destroy** 파괴하다 | **suddenly** 갑자기 | **barrier** 장벽 장애물 | **electromagnetic field** 전자기장 | **come to one's mind** 어떠한 생각이 ～에게 떠오르다 | **opposite** 반대의 | **direction** 방향 | **all the way** 완전히 끝까지 | **smack** 치다, 때리다 | **rear** 뒤쪽의 | **threat** 위협하다 | **thunder** (화가나서) 고함치다, 소리치다 | **adventure** 모험

MEMO

MEMO

MEMO

내공 중학영어독해 시리즈

내신 공략! 독해 공략!
내신이 쉬워지는 중등독해 시리즈

입문 ❶❷ | 중1 대상

기본 ❶❷ | 중2 대상

실력 ❶❷ | 중3 대상

- 재미있고 다양한 소재의 32개 지문
- 중학교 영어 교과서 핵심 문법 사항 연계
- 내신 대비 서술형 문항 최다 수록
- 어휘 · 문법 · 문장 쓰기 훈련을 위한 워크북 제공
- 내신 기출 유형으로만 구성된 추가 문항 제공
- 어휘 · 지문 듣기 QR코드 및 모바일웹 서비스 지원

www.darakwon.co.kr

신 내공

중학

영어 구문 3

송승룡 | 김한나 | 김현우 | 김형규 | 이건희

다락원 내공
중학영어구문~

WORKBOOK

WORKBOOK

01

현재완료 vs. 과거

과거에 일어난 일이 _____와 관련이 있으면 _____ 시제를, 단순히 과거에 끝난 일을 나타내면 _____ 시제를 사용한다.

Cindy와 Lily는 2년 동안 한국어를 공부해 왔다.

Peter와 Eric은 어제 한국어를 공부했다.

Let's Walk! 빈칸에 알맞은 말을 쓰시오. (leave, go, know)

1 The new employee _____ the office an hour ago.
그 신입사원은 한 시간 전에 사무실을 떠났다.

2 Sue _____ to Iceland last year.
Sue는 작년에 아이슬란드에 갔다.

3 Juliet _____ _____ Romeo for ten years.
Juliet은 Romeo를 10년 동안 알아 왔다.

Let's Run! 다음 문장이 어법적으로 옳으면 T, 틀리면 F하고 틀린 부분을 고쳐 쓰시오.

4 Juliet first got to know Romeo ten years ago.　　　□ T □ F

5 I have lost my keys yesterday. It was terrible!　　　□ T □ F

6 Since when you worked for the company?　　　□ T □ F

Let's Jump! 다음 문장을 해석하시오.

7 Sue has been to Iceland before.

8 The new employee has already left the office.

9 When did you work for the company?

Let's Fly! 다음 문장을 영작하시오.

10 다음 주어진 문장과 같은 뜻이 되도록 재배열 하시오.
나는 Brian을 3년 동안 알아오고 있어.
(have, Brian, known, for three years, I)

11 다음 주어진 문장과 같은 뜻이 되도록 주어진 단어 중 필요한 것만 골라 다음 재배열 하시오.
나는 이 검정 드레스를 오랫동안 가지고 있다.
(for ages, this, I, have had, black, had, dress, having)

12 다음 조건에 맞게 우리말을 영작하시오.
너 영화 '미션 임파서블' 본 적 있어?

① 주어와 동사가 있는 완전한 문장으로 쓸 것　② 7단어로 쓸 것　③ 현재완료를 사용할 것

02

현재완료 진행
과거에 시작된 일이 _____ 까지 _____ 되는 상황에 사용한다.

_____

일주일 동안 비가 오고 있다.

_____

Sally는 다섯 살 때부터 피아노를 쳤다.

Let's Walk! 빈칸에 알맞은 말을 쓰시오. (cry, drive, work)

1 Jessica _____ _____ _____ for hours.
Jessica는 몇 시간째 울고 있다.

2 Dad _____ _____ for five hours. He must be sleepy.
아빠는 5시간 동안 운전해오고 계신다. 그는 졸림에 틀림없어.

3 Dawon _____ _____ _____ at the convenience store for two months.
다원이는 두 달째 그 편의점에서 일해 왔다.

Let's Run! 다음 문장이 어법적으로 옳으면 T, 틀리면 F하고 틀린 부분을 고쳐 쓰시오.

4 We have been supported my father since he retired.   □ T □ F

5 Why hasn't Nancy been taking her medicine for the last two days?   □ T □ F

6 Where have you been? I have been looking for you for half an hour.   □ T □ F

Let's Jump! 다음 문장을 해석하시오.

7 A You look so bad. What's wrong?
  B I've been making this blog all day.

8 Lucas has been trying to prove that he is not a coward.

9 Jinny has been thinking about getting a cat. But she is not sure yet.

Let's Fly! 다음 문장을 영작하시오.

10 다음 주어진 문장과 같은 뜻이 되도록 재배열 하시오.
그들은 얼마나 오랫동안 통화를 하는 중이니?
(have, how long, they, been talking, on the phone)

11 다음 주어진 문장과 같은 뜻이 되도록 주어진 단어 중 필요한 것만 골라 다음 재배열 하시오.
우리는 Lena를 오랫동안 기다려 왔다.
(have been waiting, for Lena, for, we, so long, have been waited)

12 다음 조건에 맞게 우리말을 영작하시오.
Yuki는 2013년부터 아마추어 오케스트라를 지휘해 오고 있다.

① 주어와 동사가 있는 완전한 문장으로 쓸 것   ② 9단어로 쓸 것   ③ 현재완료 진행형을 사용할 것

3

03

과거완료

_____의 어느 시점에서 발생한 사건이 과거의 기준 시점까지 영향을 미치거나, _____ 기준 시점보다 더 이전에 일어난 일을 나타낸다.

_____

Kate는 다리를 다쳐서 걸을 수가 없다.

_____

그는 그저께 산 모자를 잃어버렸다.

Let's Walk! 빈칸에 알맞은 말을 쓰시오. (live, meet, run)

1 She _____ _____ here for seven years until her husband passed away.
그녀는 남편이 죽기 전까지 7년 동안 여기에 살았었다.

2 A _____ you ever _____ him before you met me?
B No, I hadn't met him before I met you.
A: 네가 나를 만나기 전에 그를 만난 적이 있었니? B: 아니, 내가 너를 만나기 전에 그를 만난 적이 없어.

3 His father was worn out because he _____ _____ ten miles in the marathon.
그의 아버지는 마라톤에서 10마일을 달렸기 때문에 매우 지쳤다.

Let's Run! 다음 문장이 어법적으로 옳으면 T, 틀리면 F하고 틀린 부분을 고쳐 쓰시오.

4 The injured man had been dead when the ambulance arrived at the hospital. □ T □ F

5 Because he hadn't watered the roses, they had started to wither. □ T □ F

6 The exam period had already finished when I entered the classroom. □ T □ F

Let's Jump! 다음 문장을 해석하시오.

7 We had just caught a taxi when it started to rain.

8 The plane had landed before the bomb exploded, so most of the passengers were safe.

9 Five minutes after leaving my house, I realized I hadn't locked the front door.

Let's Fly! 다음 문장을 영작하시오.

10 다음 주어진 문장과 같은 뜻이 되도록 재배열 하시오.
택배가 도착했을 때, Maria는 이미 집을 떠났다.
(arrived, the package, left, Maria, already, home, when, had)

11 다음 주어진 문장과 같은 뜻이 되도록 주어진 단어 중 필요한 것만 골라 다음 재배열 하시오.
내가 일어났을 때, 남편이 아침을 만들어 놓은 것을 보았다.
(my husband, I, woke up, that, breakfast, when, saw, made, I, had made)

12 다음 조건에 맞게 우리말을 영작하시오.
우리는 우리가 가장 좋아하는 선수를 보기 위해 서둘러 돌아왔지만, 그녀는 가버렸다.

① 주어와 동사가 있는 완전한 문장으로 쓸 것 ② 11단어로 쓸 것 ③ 시제에 유의할 것

04

UNIT

may[might] have p.p.

_____ 사실에 대한 _____으로 '~했을지도 모른다'라는 뜻이다.

_____

과학이 거의 모든 악의 치료약을 찾아냈을지도 모른다.

_____

그들은 너무 크게 이야기했다. 그들이 아기를 깨웠을지도 몰라!

Let's Walk! 빈칸에 알맞은 말을 쓰시오. (make, call, catch)

1 The suspect _____ _____ _____ a false confession.
그 용의자는 거짓 자백을 했을지도 몰라.

2 My teacher _____ _____ _____ my dad about my bad grades.
나의 선생님께서 나의 안 좋은 성적에 대해 아빠한테 전화했는지도 몰라.

3 He _____ _____ _____ the wrong bus.
그는 버스를 잘못 탔을지도 몰라.

Let's Run! 다음 문장이 어법적으로 옳으면 T, 틀리면 F하고 틀린 부분을 고쳐 쓰시오.

4 A I couldn't sleep well last night because a baby was crying.　　☐ T ☐ F
　　B It not might have been a baby.

5 A drunken man might have knocked the trash can over or some　　☐ T ☐ F
　　kids might have kicked it.

6 A Does Daddy know I'm arriving at the station at eight o'clock?　　☐ T ☐ F
　　B Yes, he may have already left to pick you up.

Let's Jump! 다음 문장을 해석하시오.

7 She might have forgotten about the money that she owed me.

8 The spy from North Korea might have revealed our classified information to China.

9 A In the morning, I saw that the flowers in my garden disappeared.
　　B The bugs might have eaten them, or the wind might have blown them all away.

Let's Fly! 다음 문장을 영작하시오.

10 다음 주어진 문장과 같은 뜻이 되도록 재배열 하시오.

그녀는 이 프레젠테이션을 위해 오랫동안 준비 했을지도 모른다.

(for this presentation, She, prepared, long time, a,have, for, might)

11 다음 주어진 문장과 같은 뜻이 되도록 주어진 단어 중 필요한 것만 골라 다음 재배열 하시오.

그는 네가 그의 등 뒤에서 했던 것을 용서하지 않았을지도 몰라.

(you, behind his back, what, not, did, must not have forgiven, He, may not have forgiven)

12 다음 조건에 맞게 우리말을 영작하시오.

그는 그 사고로부터 생존했을지도 모른다.

① 주어와 동사가 있는 완전한 문장으로 쓸 것　② 6단어로 쓸 것　③ 조동사(might)를 활용할 것

05

UNIT

should have p.p.

과거 _____ 에 대한 _____ 나 _____ 으로 '~했어야 했다'라는 뜻이다.

_____

넌 전에 이 나무들을 잘랐어야 했다.

_____

너무 많은 초콜릿을 먹지 말았어야 했는데.

Let's Walk! 빈칸에 알맞은 말을 쓰시오. (follow, download, trust)

1 The coach was right. We _____ _____ _____ his direction.
감독님이 옳았어. 우리는 그의 지시를 따랐어야 했는데.

2 We are lost. We _____ _____ _____ a map.
우리는 길을 잃었어. 지도를 다운 받았어야 했는데.

3 Alice in Wonderland _____ _____ _____ the White Rabbit.
이상한 나라의 앨리스는 화이트 래빗를 절대 믿어서는 안됐어.

Let's Run! 다음 문장이 어법적으로 옳으면 T, 틀리면 F하고 틀린 부분을 고쳐 쓰시오.

4 You should have helped me. Why did you just sit and watch?   □ T □ F

5 He should waste not his youth like that.   □ T □ F

6 The chef should have remembered that the guests don't eat pork. □ T □ F

Let's Jump! 다음 문장을 해석하시오.

7 A I shouldn't have yelled at you yesterday. I'm sorry.
   B (yelling) APOLOGY ACCEPTED!

8 He should have gone to a doctor before getting lung cancer.

9 It was a surprise party! They should have kept quiet till she came in.

Let's Fly! 다음 문장을 영작하시오.

10 다음 주어진 문장과 같은 뜻이 되도록 재배열 하시오.
엄마 말을 들었어야지.
(Mom, have, to, listened, should, You)

11 다음 주어진 문장과 같은 뜻이 되도록 주어진 단어 중 필요한 것만 골라 다음 재배열 하시오.
애초에 너를 만나지 말았어야 했는데…
(met, in, first place, shouldn't, you, should, I, have, the)

12 다음 조건에 맞게 우리말을 영작하시오.
네가 한 약속을 믿지 말았어야 했는데.

① 주어와 동사가 있는 완전한 문장으로 쓸 것   ② 8단어로 쓸 것

6

06

U N I T

must have p.p. vs. can't have p.p.

과거 사실에 대한 강한 _____ 으로 「must have + p.p.」는 '~했음에 틀림없다'라는 뜻이고, 「can't have + p.p.」는 부정의 추측으로 '~했을 리가 없다'라는 뜻이다.

_____

소희는 매우 지적이어서 그 수필을 썼음에 틀림없다.

_____

그녀가 그런 시끄러움 속에서 잠들었을 리가 없었다.

Let's Walk! 빈칸에 알맞은 말을 쓰시오. (spend, take, do)

1 You _____ _____ _____ a lot of time painting your nails.
너는 너의 손톱을 칠하는데 많은 시간을 보냈었음에 틀림없어.

2 This awesome photo _____ _____ _____ _____ right after the concert.
이 굉장한 사진은 콘서트 바로 후에 찍혔었음이 틀림없어.

3 He _____ _____ _____ such a generous thing.
그가 그렇게 관대한 일을 했을 리가 없어.

Let's Run! 다음 문장이 어법적으로 옳으면 T, 틀리면 F하고 틀린 부분을 고쳐 쓰시오.

4 It must rain a lot last night. There are puddles everywhere.　　　□ T □ F

5 My uncle can't have bought the toy today because the shops are closed.　　□ T □ F

6 Liam's car was parked in front of my house. He can't have been in the dorm.　□ T □ F

Let's Jump! 다음 문장을 해석하시오.

7 You didn't find it? then someone must have thrown it away.

8 Where is my striped shirt? My sister must have taken it without telling me again.

9 A I saw Carmen last night at the gym.
B You could't have seen her! She's away on her honeymoon. You must have seen someone else.

Let's Fly! 다음 문장을 영작하시오.

10 다음 주어진 문장과 같은 뜻이 되도록 재배열 하시오.
그것은 사랑이었음에 틀림없어, 하지만 그것은 이제 끝났어.
(but, now, over, must've, it's, all, love, It, been)

11 다음 주어진 문장과 같은 뜻이 되도록 주어진 단어 중 필요한 것만 골라 다음 재배열 하시오.
네가 어렸을 때 매우 귀여웠을 리가 없어.
(cannot have been, you, cute, very, when, you were, should have been, a child)

12 다음 조건에 맞게 우리말을 영작하시오.
그녀는 휴가차 열대 지방에 갔었음에 틀림없어.

① 주어와 동사가 있는 완전한 문장으로 쓸 것　② 8단어로 쓸 것

07

조동사가 있는 문장의 수동태

「조동사 + 동사원형」은 「_____ + _____ + _____」의 형태로 바뀐다.

이 숙제는 금요일까지 끝마쳐져야 한다.

이 문장은 수동태로 바뀌어질 수 있다.

Let's Walk! 빈칸에 알맞은 말을 쓰시오. (take, controll, operate)

1 Photos _____ _____ _____ during this performance.
이 공연 중에 사진이 촬영되어도 됩니다.

2 Our lives _____ _____ _____ by technology.
우리의 삶은 과학 기술에 의해 통제될 것이다.

3 The drone _____ _____ _____ by eye movement.
그 드론은 눈의 움직임에 의해 작동될 수도 있습니다.

Let's Run! 다음 문장이 어법적으로 옳으면 T, 틀리면 F하고 틀린 부분을 고쳐 쓰시오.

4 Your calling plan may be changed without notice.　　□ T □ F

5 Popular songs should not adapt without permission.　　□ T □ F

6 The same mistake should not make again.　　□ T □ F

Let's Jump! 다음 문장을 해석하시오.

7 This is simple software which can be used for educational purposes.

8 A great deal of meaning can be conveyed by a few well-chosen words.

9 A This mission must be kept secret among us.
　　B Roger that. commander!

Let's Fly! 다음 문장을 영작하시오.

10 다음 주어진 문장과 같은 뜻이 되도록 재배열 하시오.
북두칠성은 맑은 날 여기서 보일 수 있다.
(here, on a clear day, be, the Big Dipper, can, from, seen)

11 다음 주어진 문장과 같은 뜻이 되도록 주어진 단어 중 필요한 것만 골라 다음 재배열 하시오.
이 샘플들은 오염에 노출되면 안 됩니다.
(These samples, must expose, contamination, to, must not be exposed)

12 다음 조건에 맞게 우리말을 영작하시오.
이 요리법은 버터 대신 마가린으로 만들어질 수 있다.

① 주어와 동사가 있는 완전한 문장으로 쓸 것　② 10단어로 쓸 것

08

4형식 문장의 수동태

목적어가 두 개이므로 _____가 주어이거나 _____가 주어인 경우가 있다.

_____

금반지가 민수에 의해 그녀에게 주어졌다.

_____

그 선생님은 학생들에게 매우 어려운 질문을 받았다.

Let's Walk! 빈칸에 알맞은 말을 쓰시오. (ask, show, build)

1 A private question _____ _____ _____ the singer by the reporter.
그 기자에 의하여 그 가수에게 사적인 질문이 물어봐졌다

2 The old airplane _____ _____ _____ a master mechanic for inspection.
그 낡은 비행기는 검사를 위해서 기능장에게 보여졌다.

3 A small pond _____ _____ _____ my children by my husband.
내 남편에 의해 작은 연못이 아이들을 위해 만들어졌다.

Let's Run! 다음 문장이 어법적으로 옳으면 T, 틀리면 F하고 틀린 부분을 고쳐 쓰시오.

4 The Statue of Liberty was given for the United States by France.　　　□ T □ F

5 This new camera was bought for her for her 19th birthday.　　　□ T □ F

6 When a question was asked of him about the accident, he felt very embarrassed.　□ T □ F

Let's Jump! 다음 문장을 해석하시오.

7 The side kick was taught to me by an elderly man next door.

8 At last, Amy's lost dog was found for her by the police.

9 The reason why the letter was written to the servant was not recorded.

Let's Fly! 다음 문장을 영작하시오.

10 다음 주어진 문장과 같은 뜻이 되도록 재배열 하시오.
노숙자들은 시장에 의해 새로운 집들을 약속받았다.
(new, by, were, the mayor, promised, homeless, houses, The)

11 다음 주어진 문장과 같은 뜻이 되도록 주어진 단어 중 필요한 것만 골라 다음 재배열 하시오.
아빠는 나에게 종이배를 만들어주셨다.
(for, Dad, the paper ship, me, made, by, was, of)

12 다음 조건에 맞게 우리말을 영작하시오.
무료 도넛이 우리 개개인에게 주어졌다.

　① 주어와 동사가 있는 완전한 문장으로 쓸 것　② 9단어로 쓸 것

09

5형식 문장의 수동태

목적어가 주어로 이동하므로 「주어 + _____ + _____ + _____」의 형태가 된다.

_____

Cindy는 그녀의 부모님에 의해 치과의사가 되었다.

_____

그들은 선생님에 의해 집으로 가는 것이 허용되었다.

Let's Walk! 빈칸에 알맞은 말을 쓰시오. (see, allow, make)

1 Kenny _____ _____ stealing some cookies at the store by the clerk.
Kenny는 점원에 의하여 그 가게에서 쿠키를 좀 훔치는 것이 보여졌다.

2 She wasn't _____ _____ have a boyfriend by her father.
그녀는 그녀의 아버지에 의해 남자친구를 사귀도록 허락받지 못했다.

3 As a punishment for lying, I _____ _____ _____ feed the ducks by Dad every morning.
거짓말 한 벌로, 나는 아빠에 의해 매일 아침 오리를 먹이게 됐다.

Let's Run! 다음 문장이 어법적으로 옳으면 T, 틀리면 F하고 틀린 부분을 고쳐 쓰시오.

4 This type of computer is called a tablet PC.   □ T □ F

5 The old men were made cut rice plants with a sickle.   □ T □ F

6 Smith was heard singing the most terrible song by his neighbors.   □ T □ F

Let's Jump! 다음 문장을 해석하시오.

7 From now on, your silence will be considered your consent.

8 The statue has been kept intact despite the two big wars.

9 The accused was proven innocent by the evidence.

Let's Fly! 다음 문장을 영작하시오.

10 다음 주어진 문장과 같은 뜻이 되도록 재배열 하시오.
나의 강아지는 나에 의해 나비라고 이름이 붙여졌다.
(was, my dog, named, Nabi, by me)

11 다음 주어진 문장과 같은 뜻이 되도록 주어진 단어 중 필요한 것만 골라 다음 재배열 하시오.
군인 한 명이 숲에서 죽은 채로 발견 되었다.
(was found, a soldier, dead, in the forest, was found to)

12 다음 조건에 맞게 우리말을 영작하시오.
불행히도, Jack은 그들의 첫 번째 지도자로 선출되지 않았다.

① 주어와 동사가 있는 완전한 문장으로 쓸 것   ② 7단어로 쓸 것

10

U N I T

to 부정사와 동명사의 부정

to부정사의 부정은 「_____ + _____」의 형태로 나타내고, 동명사의 부정은 「_____ + _____」로 나타낸다.

_____

아빠가 내게 컴퓨터 게임을 너무 많이 하지 말라고 말씀하셨다.

_____

단 음식을 많이 먹지 않는 것이 너의 건강에 중요하다.

Let's Walk! 빈칸에 알맞은 말을 쓰시오. (ruin, do)

1 Yuki practiced hard _____ _____ _____ the concert only to ruin it.
Yuki는 콘서트를 망치지 않기 위해 열심히 연습했지만, 결국에는 망치고 말았다.

2 To see the right and _____ _____ _____ it is cowardice. – Confucius
의(義)를 보고도 행하지 않는 것은 비겁함이다. – 공자

3 _____ _____ anything is worse than doing the wrong thing.
아무것도 하지 않는 것은 잘못된 것을 하는 것보다 더 나쁘다.

Let's Run! 다음 문장이 어법적으로 옳으면 T, 틀리면 F하고 틀린 부분을 고쳐 쓰시오.

4 She's tired from not to get enough sleep. ☐ T ☐ F

5 A How was my acting?
B To be frank, I'd like you not to act again. ☐ T ☐ F

6 Not taking a break while working is like not drinking a Coke while eating pizza. ☐ T ☐ F

Let's Jump! 다음 문장을 해석하시오.

7 Never worrying about little things is my New Year's resolution.

8 Not wanting anything in life can make you very happy.

9 The bear hid behind the tree not to be caught by the hunter.

Let's Fly! 다음 문장을 영작하시오.

10 다음 주어진 문장과 같은 뜻이 되도록 재배열 하시오.
괜찮지 않아도 괜찮아!(항상 좋을 수는 없잖아.)
(it's okay, to be, not, okay!)

11 다음 주어진 문장과 같은 뜻이 되도록 주어진 단어 중 필요한 것만 골라 다음 재배열 하시오.
겸손한 것은 자만심이나 거만함을 갖지 않는 것이다.
(is, Being humble, not having, pride or arrogance, having not)

12 다음 조건에 맞게 우리말을 영작하시오.
실패할까봐 두려워하지 말라. 시도해보지 않을 것을 두려워하라.

① 주어와 동사가 있는 완전한 두 문장으로 쓸 것 ② 10단어로 쓸 것

11

UNIT

to부정사와 동명사의 의미상의 주어

to부정사와 동명사의 의미상 주어가 문장의 주어나 목적어와 다르면, to부정사는 「_____ + _____」의 형태로, 사람의 성품 형용사가 보어로 쓰이면 「_____ + _____」을 사용한다. 동명사는 「_____ + _____」의 형태로 나타낸다.

_____

여기에서 우리가 길을 건너는 것은 위험하다.

_____

항상 노인들을 도와주다니 그녀는 친절해.

_____

나는 그가 우리를 돕기 위해 시간을 내 준 것을 정말로 감사히 여긴다.

Let's Walk! 빈칸에 알맞은 말을 쓰시오. (you, her, touch, miss, remind)

1 It was careless _____ _____ _____ _____ the snake.
그 뱀을 건드리다니 너는 부주의했다.

2 It was unfortunate _____ _____ _____ such a chance.
그녀가 그런 기회를 놓친 것은 운이 없었다.

3 It is thoughtful _____ _____ _____ me of my promise.
약속을 상기시켜 주다니 당신은 사려 깊습니다.

Let's Run! 다음 문장이 어법적으로 옳으면 T, 틀리면 F하고 틀린 부분을 고쳐 쓰시오.

4 It was kind for you to lend me your bus card. □ T □ F

5 The problem seems somewhat difficult for him to solve. □ T □ F

6 She is grateful for my spending time with her when she is in the hospital. □ T □ F

Let's Jump! 다음 문장을 해석하시오.

7 It was brave of Galileo to challenge the authority of scholars at that time.

8 He imagined his boss walking into his office every time he sat on a chair.

9 Daniel doesn't mind people taking a picture of him.

Let's Fly! 다음 문장을 영작하시오.

10 다음 주어진 문장과 같은 뜻이 되도록 재배열 하시오.
그가 노래를 부르는 것이 모두를 웃게 만들었다.
(singing, his, a song, made, everyone, to laugh, laugh)

11 다음 주어진 문장과 같은 뜻이 되도록 주어진 단어 중 필요한 것만 골라 다음 재배열 하시오.
나는 옆집 남자가 나의 진입로에서 눈을 치워준 것에 대해 고마워했다.
(was thankful, I, for the man, next door, shoveling, from my driveway, of the man, snow)

12 다음 조건에 맞게 우리말을 영작하시오.
그가 결과를 뒤집을 가망은 없었다.

① 의미상의 주어가 포함된 완전한 문장으로 쓸 것 ② 가주어-진주어 구문을 사용 ③ hopeless 포함 8단어로 쓸 것

12

UNIT

to부정사 vs. 동명사

목적어로 _____ 가 오면 발생하지 않은 미래의 일이며, 목적어로 _____ 가 오면 과거의 발생한 일이다.

_____

난 오늘 오후에 그녀에게 이메일을 보내야할 것을 기억한다.

_____

난 오늘 아침에 그녀에게 이메일을 보냈던 것을 기억한다.

Let's Walk! 빈칸에 알맞은 말을 쓰시오. (throw, buy, finish)

1 Please stop _____ garbage on the floor.
바닥에 쓰레기 버리는 것을 멈추세요.

2 Did you forget _____ me lunch today?
너 나한테 오늘 점심 사줬던 거 잊어버렸어?

3 We tried _____ the work by Friday.
우리는 그 일을 금요일까지 한번 끝내보려고 했다.

Let's Run! 다음 문장이 어법적으로 옳으면 T, 틀리면 F하고 틀린 부분을 고쳐 쓰시오.

4 Don't forget to remember me.　　　　　　　　　□ T □ F

5 I tried eating the exotic fruit durian while I was in Malaysia.　　□ T □ F

6 You'll never forget turning off the oven if you never turn it on.　　□ T □ F

Let's Jump! 다음 문장을 해석하시오.

7 Did you forget to buy me lunch today?

8 I regret to tell you the truth.

9 Does Charlotte remember going out with me?

Let's Fly! 다음 문장을 영작하시오.

10 다음 주어진 문장과 같은 뜻이 되도록 재배열 하시오.
Charlotte이 나와 데이트 하기로 한 거 기억하는 걸까?
(Charlotte, does, remember, to go, with me, out)

11 다음 주어진 문장과 같은 뜻이 되도록 주어진 단어 중 필요한 것만 골라 다음 재배열 하시오.
네게 진실을 말했던 것을 후회해.
(regret, to tell, telling, I, the truth, you)

12 다음 조건에 맞게 우리말을 영작하시오.
우리는 그 일을 금요일까지 끝내려고 노력했다.

① 주어와 동사가 있는 완전한 문장으로 쓸 것　② 8단어로 쓸 것

13

too ~ to...

「too + _____ + _____...」는 '너무나 ~해서 …할 수 없다'라는 의미이다.(= so + 형용사/부사 + that + 주어 + can't...)

_____

Eric은 너무 피곤해서 산 정상에 오를 수 없다.

_____

그는 너무 졸려서 그 영화 전부는 볼 수 없었다.

Let's Walk! 빈칸에 알맞은 말을 쓰시오. (weak, hot, rude, survive, eat, tolerate)

1 Gulliver was _____ _____ _____ _____ on a deserted island.
Gulliver는 너무 약해서 무인도에서 살아남을 수 없었다.

2 Sweetie, this soup is _____ _____ _____ .
아가야, 이 수프는 너무 뜨거워서 먹을 수가 없어.

3 His behavior was _____ _____ for me _____ _____ .
그의 행동은 내가 참기에 너무 무례했다.

Let's Run! 다음 문장이 어법적으로 옳으면 T, 틀리면 F하고 틀린 부분을 고쳐 쓰시오.

4 Judy is too careless to work as a nanny. ☐ T ☐ F

5 The cave was too narrow for the boys to hide in. ☐ T ☐ F

6 Cindy's voice was too quiet for me understand what she was saying. ☐ T ☐ F

Let's Jump! 다음 문장을 해석하시오.

7 It's too good to be true.

8 Some Greek myths are too unrealistic to be true.

9 The old couple arrived too late to see the beginning of the movie.

Let's Fly! 다음 문장을 영작하시오.

10 다음 주어진 문장과 같은 뜻이 되도록 재배열 하시오.
치킨은 너무 유혹적이어서 거절할 수가 없어.
(is, tempting, too, chicken, refuse, to)

11 다음 주어진 문장과 같은 뜻이 되도록 주어진 단어 중 필요한 것만 골라 다음 재배열 하시오.
모두가 너무 화가 나서 아무 말도 할 수 없었다.
(everybody, too, was, upset, to say, anything, saying)

12 다음 조건에 맞게 우리말을 영작하시오.
그 강은 너무 빨리 흘러서 아이들은 헤엄칠 수 없다.

① 주어와 동사가 있는 완전한 문장으로 쓸 것 ② 10단어로 쓸 것

14

enough to

「_____ + _____ to부정사」는 '～할 수 있을 만큼 충분히 …하다'라는 의미이다. (= so + 형용사/부사 + that + 주어 + can…)

_____

Jessica는 혼자 여행할 만큼 충분히 나이가 들었다.

_____

그들은 좋은 좌석을 차지할 정도로 충분히 일찍 왔다.

Let's Walk! 빈칸에 알맞은 말을 쓰시오. (slow, thin, old)

1 We're eighteen, so we're _____ enough to vote.
우리는 18살이어서 투표를 하기에 충분할 정도로 나이를 먹었다.

2 Isn't Rudolph _____ enough to come down the chimney?
루돌프는 굴뚝에 들어가기에 충분할 정도로 날씬하지 않니?

3 The car ran _____ enough for Ms. Kim to enjoy the scenery.
그 차는 충분히 천천히 달려서 김 여사가 경치를 즐길 수 있었다.

Let's Run! 다음 문장이 어법적으로 옳으면 T, 틀리면 F하고 틀린 부분을 고쳐 쓰시오.

4 The fireworks were beautiful enough to fascinate tourists. □ T □ F

5 They worked enough hard to escape from the poverty. □ T □ F

6 Most of us are not smart enough to create inventions. □ T □ F

Let's Jump! 다음 문장을 해석하시오.

7 Amanda's GPA is high enough to be accepted into an IVY League school.

8 Jordan was generous enough to forgive the thief.

9 The angry elephant was strong enough to drive away the hippos.

Let's Fly! 다음 문장을 영작하시오.

10 다음 주어진 문장과 같은 뜻이 되도록 재배열 하시오.
이 방은 우리 네 명이 머물 수 있을 만큼 크다.
(is, large, this room, enough, for four, to stay, of us, in)

11 다음 주어진 문장과 같은 뜻이 되도록 주어진 단어 중 필요한 것만 골라 다음 재배열 하시오.
하루는 우리가 세상을 변화시킬 수 있을 만큼 충분히 길지 않다.
(is, not long, for us, to change, a day, the world, enough, too)

12 다음 조건에 맞게 우리말을 영작하시오.
우리가 3일 동안 생존할 만큼의 충분한 식량이 있다.

① 주어와 동사가 있는 완전한 문장으로 쓸 것   ② 10단어로 쓸 것

15

동명사의 관용 표현

동명사의 _____ 은 오랫동안 사용되어 그대로 굳어진 표현을 말한다.

_____

그녀를 설득하려고 해도 소용없다.

_____

우리는 운동장에서 축구를 하는데 온종일을 보냈다.

Let's Walk! 빈칸에 알맞은 말을 쓰시오. (please, laugh, visit)

1 It was such a funny story that I couldn't help _____.
그것은 정말 재미있는 이야기여서 나는 웃지 않을 수 없었다.

2 There is no _____ Scrooge.
스크루지를 기쁘게 하는 것은 불가능하다.

3 I look forward to _____ the Van Gogh museum in the Netherlands.
나는 네덜란드에 있는 반 고흐 박물관에 방문하는 것을 고대한다.

Let's Run! 다음 문장이 어법적으로 옳으면 T, 틀리면 F하고 틀린 부분을 고쳐 쓰시오.

4 Mickey was so tired that he had difficulty to stay awake in class.　　□ T □ F

5 Dad goes fishing every weekend, and Mom goes swimming every other day.　　□ T □ F

6 Why does Julie always spend a lot of money buying things she doesn't need?　　□ T □ F

Let's Jump! 다음 문장을 해석하시오.

7 Is there anybody that has difficulty talking in front of others?

8 Spring is when you feel like whistling even with a shoe full of slush.

9 Life is what happens to you while you're busy making other plans. – John Lennon

Let's Fly! 다음 문장을 영작하시오.

10 다음 주어진 문장과 같은 뜻이 되도록 재배열 하시오.
그 부족은 명령에 복종하는 것에 익숙하지 않다.
(is, not, the tribe, accustomed to, obeying, obey, orders)

11 다음 주어진 문장과 같은 뜻이 되도록 주어진 단어 중 필요한 것만 골라 다음 재배열 하시오.
그 검을 뽑으려는 것은 소용없다.
(no, it's, use, trying to, drawing, the sword, draw)

12 다음 조건에 맞게 우리말을 영작하시오.
아무것도 하지 않는 것보다 무언가를 시도해보는 것이 더 가치 있다.

① 주어와 동사가 있는 완전한 문장으로 쓸 것　② 8단어로 쓸 것

16

현재분사 vs. 과거분사

명사와의 관계가 능동·진행이면 _____ 를, 수동·완료이면 _____ 를 사용한다. 분사 단독이면 명사 _____ 에서, 분사가 다른 어구를 동반하면 명사 _____ 에서 수식한다.

_____

내 앞에 서있는 숙녀는 모델 같아 보인다.

_____

지진에 의해 파괴된 도시가 재건되지 않았다.

Let's Walk! 빈칸에 알맞은 말을 쓰시오. (burn, call, perform)

1 The fire _____ the building is spreading quickly.
그 건물을 태우는 불이 빠르게 확산되고 있다.

2 Every man is the builder of a temple _____ his body.
모든 사람은 자신의 몸이라고 불리는 신전의 건축가이다.

3 The performance _____ entirely in mime was a great success.
완전히 무언극으로 행해진 그 공연은 대성공이었다.

Let's Run! 다음 문장이 어법적으로 옳으면 T, 틀리면 F하고 틀린 부분을 고쳐 쓰시오.

4 Is there anybody going to listen to my story?　　　　　□ T □ F

5 After work, we're going to have Nagasaki udon sold in Sungsan.　　□ T □ F

6 The thieves trapping in the elevator are waiting for the rescue team.　□ T □ F

Let's Jump! 다음 문장을 해석하시오.

7 The pretty woman howling on the branch is not a human but a witch.

8 In the near future, you can eat noodles made by a robot cook.

9 The girls sharing the umbrella are twins.

Let's Fly! 다음 문장을 영작하시오.

10 다음 주어진 문장과 같은 뜻이 되도록 재배열 하시오.
화재로 인해 타버린 건물은 아직 수리되지 않았다.
(by the fire, the building, burned, has not been repaired, yet)

11 다음 주어진 문장과 같은 뜻이 되도록 주어진 단어 중 필요한 것만 골라 다음 재배열 하시오.
그 소녀들에 의해 함께 쓰여진 우산은 찢어졌다.
(shared, the umbrella, by the girls, sharing, is, torn)

12 다음 조건에 맞게 우리말을 영작하시오.
저녁 식사를 요리하는 남자들은 우리 삼촌들이다.

① 분사가 알맞게 들어간 맞는 완전한 문장으로 쓸 것　② 10단어로 쓸 것

17

17

with + 명사 + 분사

명사가 분사의 의미상의 주어이므로, 능동이면 _____ 를 수동이면 _____ 를 사용한다. '명사가 ~한 채로, ~된 채로'로 해석한다.

_____

보라는 비를 피해 머리를 숙인 채로 뛰고 있었다.

_____

그녀는 두 손으로 턱을 받친 채 나를 계속 바라보았다.

Let's Walk! 빈칸에 알맞은 말을 쓰시오. (clench, fold, sit)

1 She was praying with her hands _____.
그녀는 손을 꽉 쥔 채로 기도 하는 중이었다.

2 He kept telling me what to do with his arms _____.
그는 팔짱을 낀 채로 무엇을 해야 할지 나에게 계속 말했어.

3 Carly drove her car with a coffee cup _____ on the roof.
Carly는 커피잔을 지붕에 놓은 채로 그녀의 차를 운전했다.

Let's Run! 다음 문장이 어법적으로 옳으면 T, 틀리면 F하고 틀린 부분을 고쳐 쓰시오.

4 The bird couldn't fly with its wing breaking.　　　□ T □ F

5 It is a sunny and bright morning with breeze blowing.　　　□ T □ F

6 Becky was standing with tears running down her cheeks.　　　□ T □ F

Let's Jump! 다음 문장을 해석하시오.

7 Briana smiled at me with her cute eyes blinking.

8 She was staring at the camera with her hair blowing in the wind.

9 The woman was vomiting with her nose running at the same time.

Let's Fly! 다음 문장을 영작하시오.

10 다음 주어진 문장과 같은 뜻이 되도록 재배열 하시오.
그는 다리를 떨면서 거기에 앉아 있었다.
(sat, he, there, with, shaking, his legs)

11 다음 주어진 문장과 같은 뜻이 되도록 주어진 단어 중 필요한 것만 골라 다음 재배열 하시오.
아무도 답하지 않자, Andrew는 불안하게 느꼈다.
(nobody, with, Andrew, felt nervous, answering, answered)

12 다음 조건에 맞게 우리말을 영작하시오.
Rami는 입에 군침을 흘리면서 도넛상자를 열었다.

① 주어와 동사가 포함되고 분사가 있는 완전한 문장으로 쓸 것　② 9단어로 쓸 것

18

분사구문의 부정

분사 앞에 _____ 를 사용해서 부정을 나타낸다.

_____

뭘 해야 할지 몰라서, Alice는 내 조언을 구하러 왔다.

_____

충분한 시간이 없어서, 우리는 드라이브하러 가지 않았다.

Let's Walk! 빈칸에 알맞은 말을 쓰시오. (eat, believe, want)

1 _____ _____ vegetables, Sally doesn't get enough vitamins.
채소를 절대 먹지 않아서, Sally는 비타민을 충분히 얻지 못한다.

2 _____ _____ his girlfriend, he broke up with her.
그의 여자 친구를 믿지 않았기 때문에, 그는 그녀와 헤어졌다.

3 _____ _____ to tell the truth, the girl made up an excuse.
사실을 말하고 싶지 않아서, 그 소녀는 변명을 했다.

Let's Run! 다음 문장이 어법적으로 옳으면 T, 틀리면 F하고 틀린 부분을 고쳐 쓰시오.

4 Not knowing some words, Kate looked them up in a dictionary. ☐ T ☐ F

5 Not having enough money, we will go to Seoul for a trip anyway. ☐ T ☐ F

6 The criminals wandered Europe for several months, being not caught by the police. ☐ T ☐ F

Let's Jump! 다음 문장을 해석하시오.

7 Not being able to focus on his work, Tommy drank three cups of coffee.

8 Never putting any effort, Ms. Sharma wants to lose weight.

9 Not having a job yet, I am free.

Let's Fly! 다음 문장을 영작하시오.

10 다음 주어진 문장과 같은 뜻이 되도록 재배열 하시오.
가게에 가지 않더라도, 나는 인터넷에서 그 물건을 살 수 있다.
(to the store, not going, I, on the Internet, the stuff, can buy)

11 다음 주어진 문장과 같은 뜻이 되도록 주어진 단어 중 필요한 것만 골라 다음 재배열 하시오.
자신의 헤어스타일에 만족하지 않아서 그녀는 비명을 지르기 시작했다.
(her hairstyle, not being, she, to scream, started, being not, satisfied with)

12 다음 조건에 맞게 우리말을 영작하시오.
전혀 운동하지 않기 때문에 그는 매일 점점 더 뚱뚱해지고 있다.

① 분사구문을 사용할 것 ② 비교급을 사용할 것

19

분사구문의 시제

주절의 시제와 같으면 단순 분사구문을, 그 이전이면 _____ 을 사용한다.

_____

커피를 다섯 잔이나 마셔서, 소희는 잠을 잘 수가 없다.

_____

고양이한테 물렸기 때문에 그녀는 고양이를 좋아하지 않는다.

Let's Walk! 빈칸에 알맞은 말을 쓰시오. (defeat, sharpen, bear)

1 _____ _____ Taeeun, Taehee was in a good mood.
   태은이를 패배시킨 후 태희는 기분이 좋았다.

2 _____ _____ her knife, she began her work as usual.
   칼을 간 후에 그녀는 평소처럼 일을 시작했다.

3 _____ having been _____ in China, Ling Ling can't speak Chinese.
   중국에서 태어나지 않아서, Ling Ling은 중국어를 할 줄 모른다.

Let's Run! 다음 문장이 어법적으로 옳으면 T, 틀리면 F하고 틀린 부분을 고쳐 쓰시오.

4 Rescue a child from a well, the firefighter broke his arm.   □ T □ F

5 Having been defeated by the opponent, Taeeun was quite frustrated.   □ T □ F

6 Having walking several miles, I had sore feet from my new shoes.   □ T □ F

Let's Jump! 다음 문장을 해석하시오.

7 (Having been) frightened by the loud fireworks, the dog hid under the couch.

8 Drinking a Coke, Mr. Reuben felt refreshed.

9 (Being) angry at my words, he kept looking out the window.

Let's Fly! 다음 문장을 영작하시오.

10 다음 주어진 문장과 같은 뜻이 되도록 재배열 하시오.
    콜라를 마신 후, Reuben 씨는 다른 콜라를 주문했다.
    (a coke, having drunk, Mr. Reuben, another one, ordered)

11 다음 주어진 문장과 같은 뜻이 되도록 주어진 단어 중 필요한 것만 골라 다음 재배열 하시오.
    무엇을 해야할지 몰라서, 나는 서있다가 그녀를 따라 제단으로 갔다.
    (what to do, not knowing, I, stood up, followed, and, her, to the altar, not known)

12 다음 조건에 맞게 우리말을 영작하시오.
    5년 전에 구매되어서, 이 청바지는 지금 구식이다.

    ① 분사구문을 활용할 것   ② 11단어로 쓸 것

20

U N I T

분사구문의 의미상 주어

분사구문의 주어가 주절의 _____ 와 다를 때, 의미상의 주어를 생략하지 않고 _____ 앞에 그대로 두며 이를 독립분사구문이라 한다.

_____

국경일이기 때문에 모든 은행들이 문을 닫았다.

_____

다른 것들이 같다면, 난 더 싼 것을 고를 것이다.

Let's Walk! 빈칸에 알맞은 말을 쓰시오. (watch, rise, be)

1 Stanley _____ his smartphone, Jennifer was putting on her makeup.
Stanley가 그의 스마트폰을 보는 동안, Jennifer는 화장을 하고 있었다.

2 The moon _____ tonight, our simultaneous attack will begin again.
오늘밤 달이 떠오를 때, 우리의 동시공격이 다시 시작될 것이다.

3 The weather _____ fine, we will see a beautiful aurora tonight.
날씨가 맑으면, 우리는 오늘 밤에 아름다운 오로라를 보게 될 것이다.

Let's Run! 다음 문장이 어법적으로 옳으면 T, 틀리면 F하고 틀린 부분을 고쳐 쓰시오.

4 Ricky being more handsome than you, you are much better than him. ☐ T ☐ F

5 You not having brought an identification, we can't deal with your request. ☐ T ☐ F

6 Global economy having unstable, we have difficulty preparing for the future. ☐ T ☐ F

Let's Jump! 다음 문장을 해석하시오.

7 Charlie arriving by 8 p.m., we will begin our meeting on time.

8 It raining cats and dogs outside, we have no choice but to stay inside.

9 They talking out loud for 30 minutes, he didn't hear any of their words.

Let's Fly! 다음 문장을 영작하시오.

10 다음 주어진 문장과 같은 뜻이 되도록 재배열 하시오.
Sandra가 그 경기를 졌기 때문에, 그녀의 코치는 정말로 화가 났다.
(losing the game, Sandra, her coach, really, upset, was)

11 다음 주어진 문장과 같은 뜻이 되도록 주어진 단어 중 필요한 것만 골라 다음 재배열 하시오.
공간이 없었기 때문에, Marta는 몰에서 주차를 할 수 없었다.
(no, space, there, Marta, being, couldn't, at the mall, park, it)

12 다음 조건에 맞게 우리말을 영작하시오.
Diana가 아파서, 그녀의 남자친구는 그녀를 위해 스프를 요리했다.

① 주어와 동사가 있는 완전한 문장으로 쓸 것(10단어) ② 분사구문의 의미상 주어에 유의할 것

21

비인칭 독립분사구문

분사구문의 의미상 주어가 _____인 경우 _____할 수 있다. 이를 비인칭 독립분사구문이라 일컬으며, 관용적인 표현들이 있다.

_____

솔직히 말해서, 그 컴퓨터는 너무 비싸다.

_____

외모로 판단하건데, 그녀는 대략 30살로 보인다.

Let's Walk! 빈칸에 알맞은 말을 쓰시오. (frank, general, strict)

1 _____ _____, Frank is too frank to work with.
솔직히 말하자면, Frank는 너무 솔찍해서 함께 일할 수 없어.

2 _____ _____, he is too old for her to marry.
일반적으로 말하자면, 그는 그녀가 결혼하기엔 나이가 너무 많다.

3 _____ _____, the car accident was neither of their fault.
엄격히 말하자면, 그 차 사고는 그들 중 누구의 잘못도 아니었다.

Let's Run! 다음 문장이 어법적으로 옳으면 T, 틀리면 F하고 틀린 부분을 고쳐 쓰시오.

4 Frankly speaked, Nanazzang is not Japanese. She is Korean. □ T □ F

5 Generally speaking, women live longer than men. □ T □ F

6 Judging from your dream to be a president, you seem to be ambitious. □ T □ F

Let's Jump! 다음 문장을 해석하시오.

7 Judging from her accent, she must be from somewhere in Scotland.

8 A Roughly speaking, I need about 50,000,000 won to buy the car.
B As far as I know, the car costs about 52,000,000 won.

9 Considering his manners, he must have been brought up by polite parents.

Let's Fly! 다음 문장을 영작하시오.

10 다음 주어진 문장과 같은 뜻이 되도록 재배열 하시오.
솔직히 말해서, 내가 너보다 훨씬 잘생겼어.
(I, am, handsome, much more, honestly speaking, than you)

11 다음 주어진 문장과 같은 뜻이 되도록 주어진 단어 중 필요한 것만 골라 다음 재배열 하시오.
그녀의 재능을 고려했을 때, Olga는 도예가가 되어야 한다.
(her talent, conidering, Olga, become, a potter, should, considered)

13 다음 조건에 맞게 우리말을 영작하시오.
Rie에 대해 말하자면, 그녀는 가장이다.

① 주어와 동사가 있는 완전한 문장으로 쓸 것(10단어) ② 비인칭 독립분사구문을 활용할 것

22

UNIT

관계대명사의 쓰임

관계대명사의 역할에 따라 _____, _____, _____으로 구분하여 사용을 한다.

_____

옆집에 사는 그 소녀는 매우 친절하다.

_____

그들은 우리가 모르는 뭔가에 대해 이야기를 하고 있었다.

_____

그녀는 용량이 큰 아이패드를 사고 싶어한다.

Let's Walk! 빈칸에 알맞은 말을 쓰시오. (that, whose, of which)

1 On the Internet, you can be anything _____ you want.
인터넷에서 당신은 원하는 무엇이든지 될 수 있습니다.

2 The singer _____ song is romantic looks ugly.
노래가 낭만적인 그 가수는 못생겼다.

3 No. It is the shirt _____ the color is deep blue.
아니요, 그것은 색상이 짙은 파랑인 셔츠에요.

Let's Run! 다음 문장이 어법적으로 옳으면 T, 틀리면 F하고 틀린 부분을 고쳐 쓰시오.

4 I couldn't approach the girl that boyfriend was a football player.　　□ T □ F

5 Chicken is great; it gives you energy whose can be used to order it again.　　□ T □ F

6 To our Latin dance club, Charles brought a friend who(m) we had met before
at a dance competition.　　□ T □ F

Let's Jump! 다음 문장을 해석하시오.

7 We're looking for a female that has a special talent for playing the drums.

8 I am going to buy a hard disk (which) my cousin has used for three years.

9 The woman who(m) he employed always complains about her salary.

Let's Fly! 다음 문장을 영작하시오.

10 다음 주어진 문장과 같은 뜻이 되도록 재배열 하시오.
나는 드럼을 잘 연주하는 가수를 알고 있다.(know, a singer, I, who, well, plays the drum)

11 다음 주어진 문장과 같은 뜻이 되도록 주어진 단어 중 필요한 것만 골라 다음 재배열 하시오.
내 친구들은 내가 아주 많이 사랑하는 그 가수를 놀린다.
(tease, my friends, the singer, I love, very much, whom, which)

12 다음 조건에 맞게 우리말을 영작하시오.
나는 항상 자유가 보장되는 나라에 살고 싶었습니다.

① 어순에 맞는 문장으로 쓸 것 ② 관계대명사를 이용할 것 ③ 현재완료를 이용할 것

23

관계대명사의 계속적 용법

관계대명사는 선행사를 수식하는 _____ 용법과, 선행사에 대한 보충 설명을 하는 _____ 용법이 있다.

_____

우리는 얼굴에서 피를 흘리고 있는 두 여성을 보았다.

_____

우리는 두 여성을 보았는데, 그들은 얼굴에 피를 흘리고 있었다.

Let's Walk! 빈칸에 알맞은 말을 쓰시오. (who, which, that)

1 My friend Lupin is a famous police officer, _____ has caught many thieves.
내 친구 Lupin은 유명한 경찰인데, 그는 많은 도둑들을 잡았다.

2 They decided to go for a walk, _____ was very unusual.
그들은 산책을 가기로 결정했는데, 이는 굉장히 드문 일이다.

3 Karen bought some eggs, _____ would be used for cooking omelets.
Karen은 달걀 몇 개를 샀는데, 그것들은 오믈렛을 요리하는데 사용되기로 했다.

Let's Run! 다음 문장이 어법적으로 옳으면 T, 틀리면 F하고 틀린 부분을 고쳐 쓰시오.

4 Michelle swallowed two blueberry muffins, that were stale. ☐ T ☐ F

5 Mr. Anderson let his two students leave school early, which had fevers. ☐ T ☐ F

6 The credit card is in my wallet, which you can find on the kitchen table. ☐ T ☐ F

Let's Jump! 다음 문장을 해석하시오.

7 Dongchae passed the final exam, which surprised everyone.

8 The new role-playing game won't be released this month, which upsets me.

9 Gary met a man in the supermarket near his apartment, who was a famous hockey player.

Let's Fly! 다음 문장을 영작하시오.

10 다음 주어진 문장과 같은 뜻이 되도록 재배열 하시오.
나는 월요일에 사과들을 사고, 그것들은 썩었다.
(which, the apples, I, on Monday, are rotten, bought)

11 다음 주어진 문장과 같은 뜻이 되도록 주어진 단어 중 필요한 것만 골라 다음 재배열 하시오.
난 그 피아노를 혼자 옮기려고 시도했지만, 그것이 불가능하다는 것을 알게 되었다.
(the piano, move, alone, I tried to, I found, impossible, who, which)

12 다음 조건에 맞게 우리말을 영작하시오.
나는 두 아들이 있는데, 그들은 의사이다.

① 어순, 어법에 맞는 문장으로 쓸 것 ② 관계대명사를 사용할 것 ③ 7단어로 쓸 것

24

관계부사 where

선행사가 _____(the place 등)이면 관계부사 where를 사용한다. where절은 _____ 문장으로 where 를 _____을 하기도 한다.

_____

난 어제 그녀를 만난 장소를 기억할 수가 없다.

_____

넌 Cindy가 예쁜 치마를 산 그 가게에 가본 적 있니?

Let's Walk! 빈칸에 알맞은 말을 쓰시오. (where, when, which, why)

1 Doing what you love is _____ happiness lives.
네가 사랑하는 것을 하는 것이 행복이 살고 있는 곳이다.

2 Jeff wants to live in a house in _____ he can grow trees and flowers.
Jeff는 나무와 꽃들을 키울 수 있는 집에서 살고 싶어 한다.

3 Home is the place _____ you can always return.
집은 네가 언제나 돌아올 수 있는 곳이다.

Let's Run! 다음 문장이 어법적으로 옳으면 T, 틀리면 F하고 틀린 부분을 고쳐 쓰시오.

4 Laura works in a café when she can use free Wi-Fi.　　　　　☐ T ☐ F

5 Argentina is the country in which Pope Francisco was born.　　　　　☐ T ☐ F

6 There is a special school which dogs are trained to become guide dogs for the blind.　　　　　☐ T ☐ F

Let's Jump! 다음 문장을 해석하시오.

7 Do you know a swimming pool where I can swim with my dog?

8 Hyemi brought me to an antique shop where we could enjoy a unique British atmosphere.

9 This is the PC café where we met for the first time.

Let's Fly! 다음 문장을 영작하시오.

10 다음 주어진 문장과 같은 뜻이 되도록 재배열 하시오.
이 곳은 테러가 일어난 극장이다.
(the theater, the terrorist, this is, attack, happened, where)

11 다음 주어진 문장과 같은 뜻이 되도록 주어진 단어 중 필요한 것만 골라 다음 재배열 하시오.
Dean은 그가 그의 전 여자친구와 앉곤 했던 벤치에 앉았다.
(sat, the bench, where, Dean, he, used to, sit, who, with his ex-girlfriend)

12 다음 조건에 맞게 우리말을 영작하시오.
Avril 교수는 흡혈귀들과 늑대인간들이 함께 사는 마을에 도착했다.

　① 관계부사를 활용하여 어법에 맞는 문장으로 쓸 것　② 12단어를 사용할 것

25

관계부사 why

선행사가 _____ (the reason)면 관계부사 why를 사용한다. why절은 _____ 문장으로 why를
_____ 을 하기도 한다.

그것이 Christine이 어제 학교를 결석한 이유이다.

난 그녀가 그를 돌연 해고한 이유를 모른다.

Let's Walk! 빈칸에 알맞은 말을 쓰시오. (why, which, how, when)

1 What is the reason _____ he treats me harshly?

2 The Smiths never told us the reason for _____ they moved away.

3 Batman wanted to know the reason _____ Iron Man had better suits.

Let's Run! 다음 문장이 어법적으로 옳으면 T, 틀리면 F하고 틀린 부분을 고쳐 쓰시오.

4 Do you know the reason where she canceled her birthday party? ☐ T ☐ F

5 Samuel wanted to know the reason for which he got excluded from the team. ☐ T ☐ F

6 The cable guy is trying to find out why the Internet connection in this neighborhood fails frequently. ☐ T ☐ F

Let's Jump! 다음 문장을 해석하시오.

7 The meteorologist explained the reason why it rained little this summer.

8 The reason why worry kills more people than work is that more people worry than work.

9 Albert is explaining to her daughter why she can't ride her bicycle after sunset.

Let's Fly! 다음 문장을 영작하시오.

10 다음 주어진 문장과 같은 뜻이 되도록 재배열 하시오.
당신이 스님이 된 이유를 말해줘요.
(the reason, you, became, why, tell me, a monk)

11 다음 주어진 문장과 같은 뜻이 되도록 주어진 단어 중 필요한 것만 골라 다음 재배열 하시오.
우리가 그렇게 큰 예산이 필요한 이유를 설명해줄 수 있니?
(explain, can you, why, the reason, need, we, such a large budget, how)

12 다음 조건에 맞게 우리말을 영작하시오.
그 노부인이 체포된 이유가 명확하지 않다.

① 주어와 동사가 있는 문장으로 쓸 것 ② 관계부사를 사용할 것 ③ 11단어로 쓸 것

26

관계부사 when

선행사가 _____ (the time 등)이면 관계부사 when을 사용한다. when절은 _____ 문장으로 when을 _____을 하기도 한다.

_____

난 그 게임에 참가했던 그 날이 기억난다.

_____

넌 우리가 중학교에 입학했던 그날이 기억나니?

Let's Walk! 빈칸에 알맞은 말을 쓰시오. (when, that, which)

1 A How do you know (the time) _____ the bus arrives here?
   B Thanks to the bus app.
   A: 당신은 버스가 여기에 오는 시간을 어떻게 알고 있지요? B: 버스 앱 덕분이죠.

2 How can I forget the day _____ we visited the Mozart Museum?
   내가 어떻게 우리가 모차르트 박물관에 갔던 날을 잊을 수 있겠니?

3 I had a huge accident on the day on _____ I first rode my bike.
   나는 처음 자전거를 탄 날 큰 사고를 당했다.

Let's Run! 다음 문장이 어법적으로 옳으면 T, 틀리면 F하고 틀린 부분을 고쳐 쓰시오.

4 Grandpa still remembers the day where he first met Grandma. ☐ T ☐ F

5 This picture was taken in those days in which color photography was rare. ☐ T ☐ F

6 An economic recession is why your neighbor loses his job. An economic ☐ T ☐ F
  depression is when you lose yours.

Let's Jump! 다음 문장을 해석하시오.

7 The coolest thing is when you don't care about being cool.

8 When you reach the top, that's when the climb begins.

9 Every morning when I'm really tired, my dad drags me out of bed.

Let's Fly! 다음 문장을 영작하시오.

10 다음 주어진 문장과 같은 뜻이 되도록 재배열 하시오.
   3월은 모든 것들이 활기를 띠는 달이다.
   (when, March, is, the month, comes alive, everything)

11 다음 주어진 문장과 같은 뜻이 되도록 주어진 단어 중 필요한 것만 골라 다음 재배열 하시오.
   모든 일이 로봇들에 의해 행해지는 때가 곧 올지도 모른다.
   (may soon come, all work, a time, when, there, by robots, is done, who)

12 다음 조건에 맞게 우리말을 영작하시오.
   난 우리가 아프리카에서 펭귄을 본 지난 겨울 방학이 그립다.

   ① 관계부사 when을 사용할 것 ② 13단어로 쓸 것

27

관계부사 how

선행사가 _____ (the way)이면 관계부사 how를 사용한다. 단, the way나 how 둘 중의 _____ 만 사용하고 the way how로는 사용하지 않는다.

_____

난 그녀가 그 기계를 작동시킨 방법을 알고 싶다.

_____

네가 중국어를 배운 방법을 내게 알려 줄래?

Let's Walk! 빈칸에 알맞은 말을 쓰시오. (why, how, where, when)

1 They wondered _____ the burglar broke into their house.
   그들은 강도가 그들의 집에 침입한 방법을 궁금해 했다.

2 No one knows _____ Mary Poppins flew with her umbrella.
   어느 누구도 Mary Poppins가 우산을 가지고 날았던 방법을 모른다.

3 The hacker never revealed _____ he cracked the system.
   그 해커는 그가 그 시스템에 침입한 방법을 절대 드러내지 않았다.

Let's Run! 다음 문장이 어법적으로 옳으면 T, 틀리면 F하고 틀린 부분을 고쳐 쓰시오.

4 Smartphones are changing how people shop.   ☐ T ☐ F

5 Sumi's teacher does not like the way she behaves.   ☐ T ☐ F

6 The website says what you can remove stains from your white shirts. ☐ T ☐ F

Let's Jump! 다음 문장을 해석하시오.

7 Richard shared the way he forms close relationships with the elderly.

8 How you treat me is wrong. Show your respect to me!

9 I asked him the way I can block spam messages on my phone.

Let's Fly! 다음 문장을 영작하시오.

10 다음 주어진 문장과 같은 뜻이 되도록 재배열 하시오.
   이 요리법은 우리 할머니께서 떡을 만드시던 방법이다.
   (how, this recipe, is, my grandmother, rice cake, used to make)

11 다음 주어진 문장과 같은 뜻이 되도록 주어진 단어 중 필요한 것만 골라 다음 재배열 하시오.
   우리는 그가 숲 속에서 길을 찾았던 방법을 알고 싶다.
   (in which, want to know, we, the way, found out, the path, he, in the forest, why)

12 다음 조건에 맞게 우리말을 영작하시오.
   그 모델은 우리에게 살을 뺀 방법을 말해줬다.

   ① 적절한 관계부사를 활용할 것   ② 8단어로 쓸 것   ③ 주어와 동사가 있는 완전한 문장으로 쓸 것

28

UNIT

the + 비교급 ~, the + 비교급 ...

'~하면 _____, 더 … _____'라는 의미이다.

_____

피노키오가 거짓말을 하면 할수록, 그의 코는 더 길게 자란다.

_____

우리가 더 열심히 공부할수록, 우리의 성적은 더 좋아진다.

Let's Walk! 빈칸에 알맞은 말을 쓰시오. (stress, fast, few)

1 The _____ she gets, the more desserts she eats.
그녀는 스트레스를 받을수록 더 많은 후식을 먹는다.

2 The _____ she talked, the more perplexed I became.
그녀가 더 빠르게 이야기할수록, 난 더 당황하게 되었다.

3 The _____ years you study, the more years you will work.
더 적은 시간 공부할수록, 당신은 더 많은 시간 일하게 될 것이다.

Let's Run! 다음 문장이 어법적으로 옳으면 T, 틀리면 F하고 틀린 부분을 고쳐 쓰시오.

4 The sunnier the weather is, the much crops we have. ☐ T ☐ F

5 The plainer a design is, the more widely used it is. ☐ T ☐ F

6 He has eleven dogs to protect his house. The more dogs he has, the safer he feels. ☐ T ☐ F

Let's Jump! 다음 문장을 해석하시오.

7 The smaller an electronic device is, the more expensive it is.

8 The more difficult a situation is, the stronger my will becomes.

9 My husband thinks the more he pays, the better the quality is.

Let's Fly! 다음 문장을 영작하시오.

10 다음 주어진 문장과 같은 뜻이 되도록 재배열 하시오.
우리는 나이를 먹을수록 더 현명해진다.
(the older, we become, the wiser, we grow)

11 다음 주어진 문장과 같은 뜻이 되도록 주어진 단어 중 필요한 것만 골라 다음 재배열 하시오.
그를 덜 보면 볼수록, 그가 더 좋아진다.
(I see him, the less, the most, I like him, the more)

12 다음 조건에 맞게 우리말을 영작하시오.
더 부자가 될수록 걱정은 더 커진다.

① 어순에 맞는 문장으로 쓸 것 ② 비교급을 활용할 것 ③ 8단어를 쓸 것

29

비교급 and 비교급

'_____ ~한/하게'라는 의미이다.

_____

우리는 그녀의 말에 점점 더 짜증이 났다.

_____

공기 오염이 점점 더 심각해지고 있다.

Let's Walk! 빈칸에 알맞은 말을 쓰시오. (complex, heavy, nervous)

1 Life in the modern world is becoming _____ _____ _____
_____.
현대 세계의 삶은 점점 더 복잡해지고 있다.

2 Your responsibilities will become _____ _____ _____ once you have
children.
네가 아이들을 가지고 나면, 너의 책임감은 점점 무거워질 거야.

3 As the big day approached, we grew _____ _____ _____ nervous.
그 중요한 날이 다가올수록, 우리는 점점 더 초조해졌다.

Let's Run! 다음 문장이 어법적으로 옳으면 T, 틀리면 F하고 틀린 부분을 고쳐 쓰시오.

4 Things are getting more worse and worse.　　　　　　　□ T □ F

5 As time goes by, my memory is getting more and more accurate.　□ T □ F

6 As the cyclist neared the finish line, he pedaled harder and harder.　□ T □ F

Let's Jump! 다음 문장을 해석하시오.

7 He talks more and more slowly as he feels displeased.

8 As she grows older, she gets more and more beautiful.

9 Although it's almost end of the summer, the weather is getting hotter and hotter.

Let's Fly! 다음 문장을 영작하시오.

10 다음 주어진 문장과 같은 뜻이 되도록 재배열 하시오.
날씨가 점점 추워지고 있는 거 같아.(I think, getting, colder and colder, it, getting, is)

11 다음 주어진 문장과 같은 뜻이 되도록 주어진 단어 중 필요한 것만 골라 다음 재배열 하시오.
왜 사람들은 점점 더 외로워지고 있나요?(more and more, are, why, people, lonely, becoming, less and less)

12 다음 조건에 맞게 우리말을 영작하시오.
그 풍선은 점점 더 커졌고 그리고 나서 터졌다.

① 비교급을 적절히 활용할 것　② 주어가 동사가 존재하는 정문으로 쓸 것

30

UNIT

비교급 라틴계

'-ior'로 끝나는 라틴계 단어들과 prefer의 경우 _____ 대신에 _____ 를 사용한다.

_____

Timothy가 Steve보다 네 살 더 많다.

_____

이 신형 모델이 구형보다 월등히 우수하다.

Let's Walk! 빈칸에 알맞은 말을 쓰시오. (prefer, superior, junior)

1 I _____ public transportation _____ driving a car.
나는 운전하는 것보다 대중교통을 선호한다.

2 The constitution is _____ _____ all other laws.
헌법은 다른 어떤 법들보다 우위에 있다.

3 My sister is three years _____ _____ me.
나의 여동생은 나보다 3살 어리다.

Let's Run! 다음 문장이 어법적으로 옳으면 T, 틀리면 F하고 틀린 부분을 고쳐 쓰시오.

4 She is superior to me in every way.　　　　□ T □ F

5 Behave yourselves. We're senior to you. Got that?　　□ T □ F

6 I prefer following his way to do things in my own way.　□ T □ F

Let's Jump! 다음 문장을 해석하시오.

7 The first product is inferior to the updated version.

8 The man (who is) wearing a hat is actually ten years senior to me.

9 Sam is junior to Ted, but they are the best friends.

Let's Fly! 다음 문장을 영작하시오.

10 다음 주어진 문장과 같은 뜻이 되도록 재배열 하시오.
Andrea는 나보다 6년 선배이다.
(is, Andrea, senior to, by six years, me)

11 다음 주어진 문장과 같은 뜻이 되도록 주어진 단어 중 필요한 것만 골라 다음 재배열 하시오.
모든 그녀의 동료들은 그녀보다 후배이다.
(junior, all her colleagues, are, to her, senior)

12 다음 조건에 맞게 우리말을 영작하시오.
그녀의 아버지의 죽음은 그녀의 결혼 전에 일어났다.

　① prior을 사용할 것　② 주어와 동사가 존재하는 정문으로 쓸 것　③ 동사의 수와 시제에 주의할 것.(8단어 이용)

31

(al)though = even though

'(비록) ~ _____, (비록) ~ _____'라는 의미로 쓰인다.

_____

교통상황이 안 좋았음에도, 우리는 제시간에 도착했다.

_____

비록 그녀가 부유하지는 않지만, 자선단체에 돈을 기부했다.

Let's Walk! 빈칸에 알맞은 말을 쓰시오. ((al)though, despite, in spite of)

1 _____ I liked the hooded T-shirt, I decided not to buy it.
그 후드티가 맘에 들었지만, 나는 그것을 사지 않기로 결심했다.

2 _____ I know it's impossible, I really want to live in Antarctica.
그게 불가능하다는 것을 알지만, 나는 정말 남극대륙에서 살고 싶다.

3 _____ Anderson is allergic to animal fur, he adores cats and dogs.
비록 Anderson은 동물 털 알레르기가 있지만, 그는 고양이와 강아지들을 매우 좋아한다.

Let's Run! 다음 문장이 어법적으로 옳으면 T, 틀리면 F하고 틀린 부분을 고쳐 쓰시오.

4 Alex loves to collect Barbie dolls despite he is a boy.　　　　　□ T □ F

5 In spite of Mariah majored in mathematics, she is poor at simple calculations.　□ T □ F

6 Unfortunately, James will not walk again though he has regained　　□ T □ F
consciousness.

Let's Jump! 다음 문장을 해석하시오.

7 Even though I'm in love, sometimes I get so afraid.

8 Even though the ring is scratched up, it means everything to me.

9 Even though I had never met her before, I recognized her from a photograph.

Let's Fly! 다음 문장을 영작하시오.

10 다음 주어진 문장과 같은 뜻이 되도록 재배열 하시오.
케이크가 볼품은 없지만, 맛있다.
(the cake, although, look nice, does not, tasty, it is)

11 다음 주어진 문장과 같은 뜻이 되도록 주어진 단어 중 필요한 것만 골라 다음 재배열 하시오.
비록 그가 키가 매우 작고 뚱뚱하지만, 그는 나보다 더 민첩하다.
(he is, though, very short, than me, he is swifter, despite, and fat)

12 다음 조건에 맞게 우리말을 영작하시오.
그 카페가 붐볐을지라도 우리는 테이블을 발견했다.

　① 접속사를 적절하게 활용할 것　② 주어와 동사의 수와 시제를 일치시킬 것　③ 10단어로 쓸 것

32

until / unless

until과 till은 '∼_____'라는 의미이고 unless는 '(만약) ∼_____'의 의미이다.

_____

죽는 날까지 날 떠나지 말아요.

_____

병에 걸리기 전까지는 건강이 얼마나 중요한지 모른다.

_____

그녀가 내게 사과하지 않는다면, 난 그녀와 다시는 말하지 않을 것이다.

Let's Walk! 빈칸에 알맞은 말을 쓰시오. (until, unless, if)

1 Gollum pretended to be nice _____ Legolas was off his guard.
골룸은 레골라스가 방심할 때 까지 착한척했다.

2 Practice every day _____ small changes snowball into big changes.
작은 변화들이 큰 변화로 커질 때까지 매일 연습하라.

3 I'll be a captain of this team _____ somebody else wants to.
다른 누군가가 원하지 않는다면, 내가 이 팀의 주장을 할 것이다.

Let's Run! 다음 문장이 어법적으로 옳으면 T, 틀리면 F하고 틀린 부분을 고쳐 쓰시오.

4 I didn't know she was Ukrainian if she spoke.　　　　　　　□ T □ F

5 You won't be able to win unless you learn how to lose.　　　□ T □ F

6 Hyerim was not allowed to get her ears pierced but she was 13 years old.　□ T □ F

Let's Jump! 다음 문장을 해석하시오.

7 Don't expect to attain success unless you're willing to work hard.

8 I thought that air was free until I bought a bag of chips.

9 Sammy waited for Josh until it became midnight. But he never came.

Let's Fly! 다음 문장을 영작하시오.

10 다음 주어진 문장과 같은 뜻이 되도록 재배열 하시오.
우리는 그가 올 때까지 기다려야만 해.(until, have to, we, wait, he arrives)

11 다음 주어진 문장과 같은 뜻이 되도록 주어진 단어 중 필요한 것만 골라 다음 재배열 하시오.
우리는 그 건물이 재건축되었을 때까지 저기에 살았었다.
(had lived, we, there, the building, till, was rebuilt, after)

12 다음 조건에 맞게 우리말을 영작하시오.
우리가 꿈꾸지 않으면 어떤 것도 일어나지 않을 것이다.

　① 접속사를 적절하게 활용할 것　② 동사의 시제에 유의 할 것

33

once / as long as

once는 '_____ ~ _____'의 의미이고, as long as는 '~_____'의 의미이다.

_____

일단 그녀가 말하기 시작하면, 그녀는 결코 멈추지 않는다.

_____

날씨가 좋기만 하다면 우리는 하이킹을 갈 것이다.

Let's Walk! 빈칸에 알맞은 말을 쓰시오. (once, as long as, unless)

1 _____ you taste lamb, you will give up other meats.
네가 일단 양고기를 맛본다면 너는 다른 고기들을 포기할 것이다.

2 My lion won't bite you _____ _____ _____ you don't get too close.
당신이 너무 가까지 오지 않는 한 내 사자는 당신을 물지 않을 겁니다.

3 I will never come back to this shop _____ _____ _____ I'm alive.
내가 살아 있는 한, 이 가게에는 절대 다시 오지 않을 것이다.

Let's Run! 다음 문장이 어법적으로 옳으면 T, 틀리면 F하고 틀린 부분을 고쳐 쓰시오.

4 Unless Sally falls asleep, nothing can wake her up.　　　　□ T □ F

5 I'll keep going as long as I am physically able to.　　　　□ T □ F

6 Once this train gets going, it can run for 200 years without fuel.　　□ T □ F

Let's Jump! 다음 문장을 해석하시오.

7 I can lend my car as long as you promise not to drive fast.

8 Once Skyler reads something, she never forgets it.

9 Once English people tasted tea, it became their favorite drink.

Let's Fly! 다음 문장을 영작하시오.

10 다음 주어진 문장과 같은 뜻이 되도록 재배열 하시오.
일단 네가 희망을 가지면, 어떠한 것도 가능하다.
(have hope, you, once, possible, anything's)

11 다음 주어진 문장과 같은 뜻이 되도록 주어진 단어 중 필요한 것만 골라 다음 재배열 하시오.
그녀가 행복하다면, 나 또한 행복하다.
(I am happy, as long as, as well, she is happy, unless)

12 다음 조건에 맞게 우리말을 영작하시오.
중국이 잠에서 깰 때 세계는 요동칠 것이다.

① 접속사를 적절히 활용할 것　② 7단어로 쓸 것

34

both A and B / not only A but (also) B

both A and B는 'A와 B둘 다'이고, not only A but also B는 '_____뿐만 아니라 _____도'라는 의미이다.

UNIT

_____

음악과 춤 둘 다 스트레스를 푸는데 좋다.

_____

그 모델은 한국에서 뿐만 아니라 다른 여러 나라에서도 유명하다.

Let's Walk! 빈칸에 알맞은 말을 쓰시오. (not only, both, neither)

1 _____ _____ Liu Hong but (also) Liu Min was a ping-pong player.
Liu Hong뿐만 아니라 Liu Min도 탁구 선수였다.

2 _____ water skiing and windsurfing are popular activities on Kootenay Lake.
수상스키와 윈드서핑 둘 다 Kootenay 호수에서 인기있는 활동입니다.

3 _____ her parents but also her little brother is very strange.
그녀의 부모님뿐만 아니라 그녀의 남동생도 매우 이상하다.

Let's Run! 다음 문장이 어법적으로 옳으면 T, 틀리면 F하고 틀린 부분을 고쳐 쓰시오.

4 Not only her car and mine were submerged during the flood. ☐ T ☐ F

5 I do not like students who not only come to class late but also unprepared. ☐ T ☐ F

6 Neither the students but also the teacher was extremely tired after the school excursion. ☐ T ☐ F

Let's Jump! 다음 문장을 해석하시오.

7 A Both German and Italian are spoken in Switzerland.
   B I know. French is also spoken there.

8 Not just the volcano eruption but also an earthquake has stricken the country.

9 Not only was it raining all day at the wedding, but also the bride was late.

Let's Fly! 다음 문장을 영작하시오.

10 다음 주어진 문장과 같은 뜻이 되도록 재배열 하시오.
인어공주는 그녀의 목소리와 사랑을 모두 잃었다.(her voice and love, the little mermaid, both, lost)

11 다음 주어진 문장과 같은 뜻이 되도록 주어진 단어 중 필요한 것만 골라 다음 재배열 하시오.
그 남자는 정중할 뿐만 아니라 겸손하기도 했다.(not only, the man, was, but also, gentle, humble, both)

12 다음 조건에 맞게 우리말을 영작하시오.
당신의 여행 동안 노르웨이와 스웨덴 모두를 방문하실 겁니까?

① both~and, not only~but also 중 하나를 적절히 사용할 것 ② 의문문으로 쓸 것
③ 주어와 동사가 존재하는 완전한 문장으로 쓸 것(12단어)

35

either A or B / neither A nor B

either A or B는 'A _____ 는 B', neither A or B는 'A_____ B_____'의 의미이다.

_____

공항에서 택시 또는 버스 이용이 가능하다.

_____

Simon도 그의 여자 친구도 오늘 밤에 오지 않을 것이다.

Let's Walk! 빈칸에 알맞은 말을 쓰시오. (neither, either, both)

1 Sarah liked _____ Toronto nor Vancouver. She prefers the countryside.
Sarah는 토론토나 밴쿠버를 좋아하지 않았다. 그녀는 시골을 선호한다.

2 _____ you run the day or the day runs you.
당신이 하루를 움직이던지 아니면 하루가 당신을 움직입니다.

3 _____ the red one nor the green is available in XX-Large size.
빨간 것도 초록색도 XX-Large 사이즈는 구할 수가 없습니다.

Let's Run! 다음 문장이 어법적으로 옳으면 T, 틀리면 F하고 틀린 부분을 고쳐 쓰시오.

4 Both you nor she knows exactly where the path leads. □ T □ F

5 Neither you or I must have left the water running this morning. □ T □ F

6 Don't worry. Neither she and you will have to clean the bathroom. □ T □ F
It's my turn today.

Let's Jump! 다음 문장을 해석하시오.

7 A You should answer with either yes or no.
B Sorry?

8 I don't care if the bag is either expensive or cheap. I will get it somehow.

9 Neither he nor she was found guilty of robbery.

Let's Fly! 다음 문장을 영작하시오.

10 다음 주어진 문장과 같은 뜻이 되도록 재배열 하시오.
그녀는 멍청하거나 교활하거나 둘 중의 하나군요.
(either, she is, or, vry stupid, very shy)

11 다음 주어진 문장과 같은 뜻이 되도록 주어진 단어 중 필요한 것만 골라 다음 재배열 하시오.
그 겁먹은 판다는 눈을 뜨지도 움직이지도 않았다.
(neither, his eyes, nor, the terrified panda, moved, both)

12 다음 조건에 맞게 우리말을 영작하시오.
여러분은 우리와 함께 하거나 반대합니다.

① either ~ or를 적절하게 사용할 것 ② 7단어로 쓸 것

36

UNIT

의문사 있는 간접의문문

의문사가 있는 의문문이 _____으로 사용되지 않고, _____의 _____, _____, _____로 사용되는 경우이다.

_____

난 Kate가 어떻게 비올라 켜는 법을 배웠는지 궁금하다.

_____

그녀는 그 음악회가 왜 취소되었는지 알고 싶어 한다.

Let's Walk! 빈칸에 알맞은 말을 쓰시오. (when, who, why)

1 A Hyeonwoo, I'm calling you to ask _____ our graduation is.
　　B Uh-oh. It was yesterday.
　　A: 현우야, 우리 졸업식이 언제인지 물어보려고 전화하는 중이야. B: 어. 그것은 어제였어.

2 Nobody knows _____ the car accident happened.
그 교통사고가 언제 일어났는지 아무도 모른다.

3 _____ do you think will win the fencing match?
펜싱 게임에서 누가 이길 거라고 생각해?

Let's Run! 다음 문장이 어법적으로 옳으면 T, 틀리면 F하고 틀린 부분을 고쳐 쓰시오.

4 Do you think when the bus will come?　　　　　☐ T ☐ F

5 The clown asked me which balloon I wanted to pop.　　☐ T ☐ F

6 We wonder how Clara has kept her job.　　　　☐ T ☐ F

Let's Jump! 다음 문장을 해석하시오.

7 Dog I wonder whose shoe this is. Hmm... It seems okay to chew.

8 Liz wanted to know whom I was taking to the party as my date.

9 She quietly asked me what I had seen at the haunted house.

Let's Fly! 다음 문장을 영작하시오.

10 다음 주어진 문장과 같은 뜻이 되도록 재배열 하시오.
넌 그 슈퍼스타가 어디에 사는지 아니?(where, lives, the superstar, do you know)

11 다음 주어진 문장과 같은 뜻이 되도록 주어진 단어 중 필요한 것만 골라 다음 재배열 하시오.
그 쿠키들이 얼마인지 말해 줄 수 있니?(how much, could you, the cookies, tell me, are, how many)

12 다음 조건에 맞게 우리말을 영작하시오.
경찰관은 목격자들에게 강도들이 어떻게 생겼는지를 물었다.

① 어순에 맞는 문장으로 쓸 것   ② 의문사 what을 적절히 활용할 것   ③ 주어와 동사가 있는 완전한 문장으로 쓸 것

37

의문사 없는 간접의문문

의문사가 없는 간접의문문은 _____ 나 _____ 로 문장을 연결해준다.

Tiffany가 그 게임에 관심 있는지 알려줄 수 있니?

Jackson은 그의 여자 친구가 그 선물에 기뻐했는지 아닌지 궁금하다.

Let's Walk! 빈칸에 알맞은 말을 쓰시오. (whether, if, when)

1 He asked Genie _____ or not he could grant his wish.
  그는 Genie에게 소원을 들어줄 수 있는지 없는지를 물었다.

2 She wonders _____ her father is pleased with the present.
  그녀는 그녀의 아버지가 선물에 대해 기뻐하시는지 궁금해 한다.

3 I called my friend in Japan to check _____ she was fine after the terrible earthquake.
  나는 일본에 있는 친구에게 끔찍한 지진 후에 그녀가 괜찮은지 확인하기 위해 전화를 했다.

Let's Run! 다음 문장이 어법적으로 옳으면 T, 틀리면 F하고 틀린 부분을 고쳐 쓰시오.

4 I'm not quite sure if I'm a pretty boy like people say.　　　□ T □ F

5 No one can tell whether Shakespeare really wrote his plays or not.　□ T □ F

6 The researchers are wondering either or not they can receive　□ T □ F
  a government grant.

Let's Jump! 다음 문장을 해석하시오.

7 Clark asked Louis if she had met Superman.

8 Jessica asked her sister whether she had taken her shoe lifts.

9 The real problem is not whether machines think but whether men do.

Let's Fly! 다음 문장을 영작하시오.

10 다음 주어진 문장과 같은 뜻이 되도록 재배열 하시오.
  난 그녀가 내 이름을 기억하는지 알고 싶어요.
  (would like, I, if, she, remembers, to know, my name)

11 다음 주어진 문장과 같은 뜻이 되도록 주어진 단어 중 필요한 것만 골라 다음 재배열 하시오.
  우리는 그가 챔피언을 이길 수 있을지 잘 모르겠다.
  (whether, we, are not sure, can beat, he, the champion, neither)

12 다음 조건에 맞게 우리말을 영작하시오.
  Jon은 내가 저 영화를 본적이 있는지 없는지 물어보았다.

  ① 접속사를 적절히 활용할 것　② 11단어로 쓸 것　③ 시제를 유의할 것

38

가정법 과거

_____ 사실의 _____ 되는 일이나 실현 가능성이 희박한 일을 가정하며, '~_____ …
_____'라고 해석을 한다.

_____

그녀가 사무실에 있다면, 전화를 받을 텐데.

_____

대통령이 된다면 넌 무엇을 할 거니?

Let's Walk! 빈칸에 알맞은 말을 쓰시오. (be, see)

1 If it _____ not for electricity, Iron Man couldn't exist.
만약 전기가 없다면, Iron Man은 존재하지 못할텐데.

2 Would you know my name if I _____ you in heaven?
내가 천국에서 너를 본다면 나의 이름을 알겠니?

3 _____ I in your shoes, I would be thankful for what I have.
만약 내가 너의 입장이라면, 나는 내가 가진 것에 감사할 것이다.

Let's Run! 다음 문장이 어법적으로 옳으면 T, 틀리면 F하고 틀린 부분을 고쳐 쓰시오.

4 What would you do if you were a millionaire?　　　　　　□ T □ F

5 If you have had to choose between money and fame, which would it be?　　□ T □ F

6 If there were only one guy in this world, would you pick me as your　　□ T □ F
boyfriend?

Let's Jump! 다음 문장을 해석하시오.

7 If Mr. Ferguson was not so lazy, he could find a job quickly.

8 If money grew on trees, we wouldn't need to work.

9 If life were easy, it would be so boring that we wouldn't learn anything from it.

Let's Fly! 다음 문장을 영작하시오.

10 다음 주어진 문장과 같은 뜻이 되도록 재배열 하시오.
만약 월요일이 얼굴을 갖고 있다면, 난 그것을 칠 텐데.
(had, a face, if, Monday, would, I, punch, it)

11 다음 주어진 문장과 같은 뜻이 되도록 주어진 단어 중 필요한 것만 골라 다음 재배열 하시오.
내가 부자라면 이 책을 공부하지 않을 텐데.
(I were, if, rich, study, I wouldn't, this book, I had been)

12 다음 조건에 맞게 우리말을 영작하시오.
만약 천국이 없다면 무슨 일이 벌어질까?

① 가정법을 적절히 활용할 것　② 주어와 동사가 있는 완전한 문장으로 쓸 것

39

가정법 과거완료

_____ 사실의 _____ 되는 내용을 가정하며, '~ _____ … _____ .'라고 해석을 한다.

_____

내가 그녀의 주소를 알았더라면, 그녀를 방문했을 텐데.

_____

그녀가 진실을 말했더라면, 칭찬을 받았을 텐데.

Let's Walk! 빈칸에 알맞은 말을 쓰시오. (have, be)

1 What would you have done if you _____ _____ me?
네가 나였더라면 넌 무엇을 했었겠니?

2 If he _____ _____ a good time on the blind date, he wouldn't have gone home so early.
만약 그가 소개팅에서 좋은 시간을 보냈었다면, 그는 그렇게 일찍 집에 가지 않았을 텐데.

3 _____ it not _____ for my sister's interruptions, I could have taken a nap.
만약 내 여동생의 방해가 없었다면, 나는 낮잠을 잘 수 있었을 텐데.

Let's Run! 다음 문장이 어법적으로 옳으면 T, 틀리면 F하고 틀린 부분을 고쳐 쓰시오.

4 If it had been a real jewelry, it would have shone much brighter. ☐ T ☐ F

5 I would have donated some items to the food drive, if I were less busy. ☐ T ☐ F

6 Would you have answered "Yes" if I had asked you to rob the bank that night? ☐ T ☐ F

Let's Jump! 다음 문장을 해석하시오.

7 If Adrian hadn't listened to his coach, he couldn't have won the race.

8 Tara wouldn't have slipped and twisted her ankle, if she hadn't run down the stairs.

9 If they had punished their son more sternly, he wouldn't have become spoiled.

Let's Fly! 다음 문장을 영작하시오.

10 다음 주어진 문장과 같은 뜻이 되도록 재배열 하시오.
눈이 왔더라면, 우리는 스노우보드를 타러 갈 수 있었을 텐데.
(have gone, we, if it, snowboarding, had snowed, could)

11 다음 주어진 문장과 같은 뜻이 되도록 주어진 단어 중 필요한 것만 골라 다음 재배열 하시오.
만약 그가 나에게 전화하지 않았다면, 나는 제시간에 도착할 수 없었을 것이다.
(he hadn't called, if, I wouldn't have been, me, able to be on time, I would have been)

12 다음 조건에 맞게 우리말을 영작하시오.
Aoki가 바이올린연주를 계속 했더라면, 그녀는 위대한 연주자가 될 수 있었을텐데.

① 주어와 동사가 있는 완전한 문장으로 쓸 것 ② 14단어로 쓸 것 ③ 가정법을 사용할 것

40

UNIT

I wish + 가정법

I wish 다음에 _____가 나오면 '〜라면 좋을 텐데.'로 _____가 나오면 '〜였다면 좋을 텐데.'로 해석을 한다.

_____

중국어과 일본어를 말할 수 있다면 좋을 텐데.

_____

그에게 내 비밀을 밝히지 않았다면 좋을 텐데.

Let's Walk! 빈칸에 알맞은 말을 쓰시오. (spend, be, try)

1 I wish Naomi _____ _____ more time with us in recent years.
최근에 Naomi가 좀 더 많은 시간을 우리와 보냈더라면 좋을 텐데.

2 I wish I _____ special. But I'm a creep. I'm a weirdo.
난 내가 특별하면 좋겠어. 하지만 난 불쾌한 놈이고. 난 별난 놈이야.

3 I wish I _____ _____ harder to resolve the misunderstanding with her.
내가 그녀와의 오해를 푸는데에 더 애썼더라면 얼마나 좋을까.

Let's Run! 다음 문장이 어법적으로 옳으면 T, 틀리면 F하고 틀린 부분을 고쳐 쓰시오.

4 I wish Einstein were still alive. □ T □ F

5 I wish my parents had allowed me to buy a motorbike. □ T □ F

6 I wish our children could live in a world free from wars and hatred. □ T □ F

Let's Jump! 다음 문장을 해석하시오.

7 Qin Shi Huang I wish (that) I wouldn't die so I could live forever.

8 I wish I had had more freedom to enjoy life and travel the world while young.

9 I wish I lived in a world where mosquitos suck fat instead of blood.

Let's Fly! 다음 문장을 영작하시오.

10 다음 주어진 문장과 같은 뜻이 되도록 재배열 하시오.
내가 지금 당장 거기 있으면 좋을 텐데.
(I wish, there, right now, I were)

11 다음 주어진 문장과 같은 뜻이 되도록 주어진 단어 중 필요한 것만 골라 다음 재배열 하시오.
내가 원하는 어떤 것이라도 입을 수 있다면 좋을 텐데.
(I could, wear, I want, anything, I wish, if)

12 다음 조건에 맞게 우리말을 영작하시오.
내가 그것을 조금 일찍 깨달았더라면, 좋았을 텐데.

① 주어와 동사가 있는 완전한 문장으로 쓸 것   ② 'only'를 사용하고, 8단어로 쓸 것

41

as if + 가정법

as if 다음에 _____가 나오면 '마치 ~인 것 처럼'으로, _____가 나오면 '마치 ~였던 것처럼'으로 해석을 한다.

_____

보라는 마치 영화배우인 것처럼 행동한다.

_____

그는 마치 유명한 체스선수였던 것처럼 말한다.

Let's Walk! 빈칸에 알맞은 말을 쓰시오. (know, be)

1 Dave talks as if he _____ everything about the accident.
Dave는 그 사건에 대해 모든 것을 알고 있는 것처럼 말한다.

2 Kevin ate as if he _____ an elephant. He must have been starving.
Kevin은 마치 코끼리처럼 먹었다. 그는 굶주렸음에 틀림없다.

3 Live as if you _____ to die tomorrow. Learn as if you _____ to live forever.
– Mahatam Gandhi
내일 죽을 것처럼 살아라. 영원히 살 것처럼 배워라. – 마하트마 간디

Let's Run! 다음 문장이 어법적으로 옳으면 T, 틀리면 F하고 틀린 부분을 고쳐 쓰시오.

4 The detective is looking at me as if I am guilty.   □ T □ F

5 The old man talked as if he had been a war veteran.   □ T □ F

6 Her eyes look as if she had cried for a long time. In fact, she has an eye infection.   □ T □ F

Let's Jump! 다음 문장을 해석하시오.

7 She looked dizzy as if she had just gotten off a roller coaster.

8 Carrie acted as if she weren't a minor.

9 Nina teaches dance as though she had been a professional dancer.

Let's Fly! 다음 문장을 영작하시오.

10 다음 주어진 문장과 같은 뜻이 되도록 재배열 하시오.
매일을 너의 마지막인 것처럼 살아라.
(as if, live, it, your last, each day, were)

11 다음 주어진 문장과 같은 뜻이 되도록 주어진 단어 중 필요한 것만 골라 다음 재배열 하시오.
Irene은 마치 마법에 걸렸던 것처럼 매우 이상하게 행동했다.
(Irene, had been bewitched, behaved very strangely, as if, she, is bewitched)

12 다음 조건에 맞게 우리말을 영작하시오.
나는 그 이야기가 마치 내 이야기인 것처럼 모든 세부 내용을 안다.
① 주어와 동사가 있는 완전한 문장으로 쓸 것 ② 14단어로 쓸 것

42

강조의 do

조동사인 do[does/did]를 동사 앞에 붙이며 '_____'라는 _____의 의미이다.

_____

소라는 수학과 과학을 정말로 좋아한다.

_____

Catherine은 그를 정말로 사랑했지만, 말로는 내뱉지 못했다.

Let's Walk! 빈칸에 알맞은 말을 쓰시오. (phone, get, do)

1 I _____ _____ you! But you didn't answer.
나 정말로 전화했어! 그러나 네가 받지 않았다고.

2 Turner _____ _____ a perfect score on his driver's test.
Turner는 운전면허시험에서 정말로 만점을 받았다.

3 Silence _____ _____ good for those who suffer from a lot of stress.
침묵은 많은 스트레스를 겪는 사람들에게 정말로 도움이 된다.

Let's Run! 다음 문장이 어법적으로 옳으면 T, 틀리면 F하고 틀린 부분을 고쳐 쓰시오.

4 Some people does hate reptiles. Others do hate rodents. □T □F

5 She does love her son as much as her parents loved her. □T □F

6 Alex did sing well when he preformed in front of the judges. □T □F

Let's Jump! 다음 문장을 해석하시오.

7 Micky Mouse does seem like the cutest mouse in the world.

8 Did you ever think about why Sophia does like to wear only this clothing brand?

9 I did see a ghost last night! She asked me which colored toilet paper I wanted.

Let's Fly! 다음 문장을 영작하시오.

10 다음 주어진 문장과 같은 뜻이 되도록 재배열 하시오.
이 드레스를 입으니 정말 예뻐 보여요.
(look pretty, do, you, in this dress)

11 다음 주어진 문장과 같은 뜻이 되도록 주어진 단어 중 필요한 것만 골라 다음 재배열 하시오.
그녀는 나에게 정말로 큰 돈을 빚졌다.
(owe, does, she, me, a lot of money, do)

12 다음 조건에 맞게 우리말을 영작하시오.
그는 지난주에 거리에서 대통령을 정말로 만났다.

① 주어와 동사가 있는 완전한 문장으로 쓸 것 ② 10단어로 쓸 것 ③ do를 사용할 것

43

It ~ that... 강조 문장

「It is[was] 강조할 문장 성분 _____ ~ 강조된 것을 제외한 문장성분」으로 나타내며, '…한 것은 다름 아닌 ~이다'로 해석한다.

_____

세상에서 처음으로 신을 만든 것은 다름 아닌 두려움이었다.

_____

도둑이 창문을 깬 것은 다름 아닌 지난 일요일이었다.

Let's Walk! 빈칸에 알맞은 말을 쓰시오. (it, be, that)

1 _____ _____ in the library _____ we quarrelled with each other for the first time.
   우리가 처음 말싸움 한 곳은 바로 도서관이었다.

2 _____ _____ the loneliness _____ welcomes me when I come back home.
   내가 집에 돌아올 때 나를 반기는 것은 바로 외로움이다.

3 _____ _____ Gauss _____ came up with the solution to the puzzling math question.
   그 난해한 수학 문제에 대한 답을 생각해 낸 사람이 바로 가우스였다.

Let's Run! 다음 문장이 어법적으로 옳으면 T, 틀리면 F하고 틀린 부분을 고쳐 쓰시오.

4 Which is the humidity that I can't stand. □ T □ F

5 It were on a log bridge that I encountered my enemy. □ T □ F

6 It was a bunch of flowers that Dickson gave Olivia in the park last night. □ T □ F

Let's Jump! 다음 문장을 해석하시오.

7 It was Yeji that Yeji made me *bibimbap* yesterday.

8 It was *bibimbap* that Yeji made me yesterday.

9 It was yesterday that Yeji made me *bibimbap*.

Let's Fly! 다음 문장을 영작하시오.

10 다음 주어진 문장과 같은 뜻이 되도록 재배열 하시오.
   통조림을 발명한 사람은 다름 아닌 나폴레옹이다.
   (Napoleon, it was, who, canned food, invented)

11 다음 주어진 문장과 같은 뜻이 되도록 주어진 단어 중 필요한 것만 골라 다음 재배열 하시오.
   그의 딸이 우는 것을 멈추기 위해 그가 딸에게 주었던 것은 바로 사탕이다.
   (that, it is, he gave, his daughter, her crying, to stop, a candy, there)

12 다음 조건에 맞게 우리말을 영작하시오.
   나의 아빠가 중학교를 졸업한 것은 바로 1988년이었다.

   ① 주어와 동사가 있는 완전한 문장으로 쓸 것 ② it ~ that 강조구문을 사용할 것

44

UNIT

so + 동사 + 주어 / neither[nor] + 동사 + 주어

「so + 동사 + 주어」는 앞에 나온 문장이 _____ 일 때 '주어도 _____ .'라는 긍정 동의이고,
「neither[nor] + 동사 + 주어」는 _____ 일 때 '주어도 그렇지 않다.'라는 부정 동의이다.

_____
Cindy는 춤추는 것을 좋아하는데 보라도 그렇다.

_____
Nancy는 그 정모에 가지 않았으며, 나도 그렇다.

Let's Walk! 빈칸에 알맞은 말을 쓰시오. (neither, nor, so)

1 A Benjamin doesn't like wearing pajamas when he sleeps.
　 B _____ _____ .
　 A: Benjamin은 잘 때, 잠옷을 입는 것을 좋아하지 않는다.　B: 나도 안좋아해.

2 A You always drive me crazy.
　 B _____ _____ _____ .
　 A: 넌 항상 나를 미치게 만들어.　B: 너도 마찬가지야.

3 A Her parents don't want her to marry him.
　 B _____ _____ .
　 A: 그녀의 부모님들은 그녀가 그와 결혼하는 것을 원치 않으셔.　B: 그의 부모님들도 원하지 않으셔.

Let's Run! 다음 문장이 어법적으로 옳으면 T, 틀리면 F하고 틀린 부분을 고쳐 쓰시오.

4 A I am not into hip hop.　B Neither do I.　　□ T □ F

5 A Paju is a really good place to live in. B So do Jeonju.　　□ T □ F

6 My wife hasn't washed a single dish for a week, and neither have I.　　□ T □ F

Let's Jump! 다음 문장을 해석하시오.

7 Stella wants to become a writer when she grows up. So does her twin sister.

8 Jennifer doesn't speak softly when she talks on the phone, nor does her mom.

9 Hiroki is a comic book maniac. So is Ayako.

Let's Fly! 다음 문장을 영작하시오.

10 다음 주어진 문장과 같은 뜻이 되도록 재배열 하시오.
　 A: 달빛이 아름다운 것 같아요.　B: 저도 그래요.
　 (the moonlight is beautiful?, Don't you think, that, so, I, do)

11 다음 주어진 문장과 같은 뜻이 되도록 주어진 단어 중 필요한 것만 골라 다음 재배열 하시오.
　 흙, 바람, 불은 일종의 음악을 만들어내고, 바다도 그러하다.
　 (make, Earth, wind and fire, a kind of, so, the sea, does, music, is)

12 다음 조건에 맞게 우리말을 영작하시오.
　 우리 아빠는 아침에 꼭 아침식사를 하셔야한다. 나도 그렇다.

　 ① 주어와 동사가 있는 완전한 두 문장으로 쓸 것　② so를 이용할 것

45
UNIT

with + 명사 + 형용사/부사(구)

「with + 명사 + _____ / _____」는 '~가 …한 채'라는 의미이다.

_____

그녀는 내게 입에 가득 음식을 넣은 채로 말하지 말라고 충고했다.

_____

우리는 전등을 켠 채로 자지 말아야 한다.

_____

그녀는 눈에 눈물이 고인 채로 버스 정류장에 서 있었다.

Let's Walk! 빈칸에 알맞은 말을 쓰시오. (his shoes, the lights, a smile)

1 The baby walked on the grass _____ _____ _____ _____.
아기는 신발을 벗은 채로 잔디 위를 걸었다.

2 His mother was slicing *tteok* _____ _____ _____ _____.
그의 어머니는 불을 끈 채 떡을 썰고 계셨다.

3 Amy is saying goodbye to her friends _____ _____ _____
_____ _____.
Amy는 그녀의 얼굴에 미소를 띤 채 그의 친구들에게 마지막 인사를 하고 있다.

Let's Run! 다음 문장이 어법적으로 옳으면 T, 틀리면 F하고 틀린 부분을 고쳐 쓰시오.

4 She usually speaks with her full mouth of food. □ T □ F

5 Don't walk down the snowy road with in your hands your pockets. □ T □ F

6 Seungryong lay down on the bed with his coat on because he was exhausted. □ T □ F

Let's Jump! 다음 문장을 해석하시오.

7 The sky is deep blue with no clouds at all.

8 He was standing behind the door with the cake in his hands.

9 Thousand of people are rushing to the concert hall with their tickets in their hands.

Let's Fly! 다음 문장을 영작하시오.

10 다음 주어진 문장과 같은 뜻이 되도록 재배열 하시오.
그녀는 연필을 입에 문 채 휘파람을 불고 있었다.(was whistling, with, in her mouth, a pencil, she)

11 다음 주어진 문장과 같은 뜻이 되도록 주어진 단어 중 필요한 것만 골라 다음 재배열 하시오.
그는 TV를 켜놓은 채 음악을 듣는다.(listens to, with the TV, music, he, on, off)

12 다음 조건에 맞게 우리말을 영작하시오.
물고기는 눈을 뜬 채 잔다.

① 전치사를 사용할 것   ② 6단어로 쓸 것

46

부사 도치

장소의 부사가 문장의 맨 앞에 나오면 「자동사 + _____」의 어순이 된다. 대명사일 경우는 도치가 발생하지 않는다.

_____

이상한 로봇이 승강장에 서 있었다.

_____

어려움의 한가운데에 기회가 존재한다.

Let's Walk! 빈칸에 알맞은 말을 쓰시오. (be, sit)

1 Here _____ the iced americano you ordered.
주문하신 아이스 아메리카노 여기 있습니다.

2 Beneath the grave _____ another body.
무덤 아래에서 또 다른 시체가 있었다.

3 There _____ a yellow dog, waiting for its owner.
노란 개 한 마리가 주인을 기다리며 거기에 앉아있다.

Let's Run! 다음 문장이 어법적으로 옳으면 T, 틀리면 F하고 틀린 부분을 고쳐 쓰시오.

4 Out the front door men came in black suits.　　□ T □ F

5 On the shoulders of our young men falls military duty.　　□ T □ F

6 Allan controlled all his fear and down he jumped into the sky.　　□ T □ F

Let's Jump! 다음 문장을 해석하시오.

7 On the table are many dishes of traditional foods.

8 In front of his car lay a huge meteor that just fell from the sky.

9 There was a farmer who had a dog, and Bingo was his name-o!

Let's Fly! 다음 문장을 영작하시오.

10 다음 주어진 문장과 같은 뜻이 되도록 재배열 하시오.
여기 잔돈이요.
(your change, is, here)

11 다음 주어진 문장과 같은 뜻이 되도록 주어진 단어 중 필요한 것만 골라 다음 재배열 하시오.
문 앞에 꽃 한 다발이 있었다.
(was, a bunch of, on the doorstep, flowers, does)

12 다음 조건에 맞게 우리말을 영작하시오.
그녀의 집에서 먼 곳에 그녀의 시어머니가 사신다.

① 주어와 동사가 있는 완전한 문장으로 쓸 것　② 8단어로 쓸 것　③ 도치 문장으로 쓸 것

47

부정어 도치

_____ 의 어구인 Little, Hardly, Never, _____ 등이 문장의 맨 앞에 나오면 뒤따르는 문장은 _____ 어순이 된다.

_____

그를 다시 만날 거라고 전혀 꿈도 꾸지 못했다.

_____

오늘 아침까지 그녀는 그 사실을 몰랐다.

Let's Walk! 빈칸에 알맞은 말을 쓰시오. (be, recognize, know)

1 Not only _____ Tanya a great dancer but she is also a great singer.
Tanya는 멋진 댄서일 뿐 아니라 그녀는 또한 멋진 가수이다.

2 Hardly _____ we _____ how significant a hardship is while overcoming it.
우리는 고난을 극복하는 동안에는 그 고난이 얼마나 중요한지 거의 인식하지 못한다.

3 Little _____ I _____ that I would be a doctor one day.
언젠가 내가 의사가 될 거라고는 꿈에도 알지 못했다.

Let's Run! 다음 문장이 어법적으로 옳으면 T, 틀리면 F하고 틀린 부분을 고쳐 쓰시오.

4 Never they have eaten rabbit meat before. □ T □ F

5 Hardly does Sally speak English when talking to her parents. □ T □ F

6 Not until I watched the CCTV I discovered who stole my wallet. □ T □ F

Let's Jump! 다음 문장을 해석하시오.

7 Seldom do people hear a politician say "Sorry."

8 Never will I work with this selfish brat again.

9 Not once did she compliment her son.

Let's Fly! 다음 문장을 영작하시오.

10 다음 주어진 문장과 같은 뜻이 되도록 재배열 하시오.
이렇게 끔찍한 이야기를 우리는 들어본 적이 없었다.
(have, we, never, heard, a, story, horrible, such)

11 다음 주어진 문장과 같은 뜻이 되도록 주어진 단어 중 필요한 것만 골라 다음 재배열 하시오.
저녁 식사 후 나는 초콜릿을 거의 먹지 않을 것이다.
(will, I, rarely, chocolate, eat, dinner, after, that)

12 다음 조건에 맞게 우리말을 영작하시오.
그는 그녀의 행동에 대해 거의 견딜 수 없었다.

① 주어와 동사가 있는 완전한 문장으로 쓸 것 ② 8단어로 쓸 것 ③ hardly를 사용할 것

내공

중학

영어

구문 3

정답 및 해설

Chapter 01 / 시제

UNIT **01** 현재완료 vs. 과거

1 Sue has been to Iceland before.
Sue는 전에 아이슬란드에 간 적이 있다.

2 Sue went to Iceland last year.
Sue는 작년에 아이슬란드에 갔다.

3 The new employee has already left the office.
그 신입사원은 이미 사무실을 떠났다.

4 The new employee left the office an hour ago.
그 신입사원은 한 시간 전에 사무실을 떠났다.

5 Juliet has known Romeo for ten years.
Juliet은 Romeo를 10년 동안 알아왔다.

6 Juliet first got to know Romeo ten years ago.
Juliet은 Romeo를 10년 전에 처음 알게 되었다.

7 I've lost my keys! I can't get into my house now.
열쇠를 잃어버렸어. 지금 집에 들어갈 수가 없어.

8 I lost my keys yesterday. It was terrible!
어제 열쇠를 잃어버렸어. 그것은 끔찍했어!

9 Since when have you worked for the company?
언제부터 이 회사에서 일해 왔나요?

10 When did you work for the company?
언제 그 회사에서 일했었나요?

11 The God of Inner Power said to Andrew, "You have done an amazing thing saving those people!"
내공의 신이 Andrew에게 말했다, "저 사람들을 구하는 놀라운 일을 해냈구나!"

12 I have had this black dress for ages. I've worn it many times. I bought it when I went to Hong Kong.
나는 이 검정 드레스를 오랫동안 가지고 있다. 나는 그것을 여러 차례 입었다. 나는 그것을 홍콩에 갔을 때 구입했다.

13 He missed the bus and then he missed his airplane, too.
그는 버스를 놓치고 나서 비행기도 놓쳤다.

14 I have known Brian for three years. We still meet once a month.
나는 Brian을 3년 동안 알아오고 있어. 우리는 여전히 한 달에 한 번 만나.

15 A: Have you seen the movie, *Mission Impossible*?
B: Yes, I have.
A: When did you see it?
B: I saw it last month.
A: 너 영화 '미션 임파서블' 본 적 있어? B: 응 봤지.
A: 언제 봤어? B: 지난달에 봤어.

UNIT **02** 현재완료 진행

1 Jessica has been crying for hours.
Jessica는 몇 시간째 울고 있다.

2 We have been supporting my father since he retired.
우리는 우리 아버지가 은퇴한 이래로 그를 부양해오고 있다.

3 I'm so tired. I haven't been sleeping well these days.
저는 너무 피곤해요. 요즘에 잠을 잘 못 자고 있어요.

4 Dad has been driving for five hours. He must be sleepy.
아빠는 5시간 동안 운전해오고 계신다. 그는 졸림에 틀림없어.

5 A: You look so bad. What's wrong?
B: I've been making this blog all day.
A: 너 너무 안 좋아 보인다. 무슨 문제 있어?
B: 하루 종일 이 블로그를 만들고 있었어.

6 Lucas has been trying to prove that he is not a coward.
Lucas는 자신이 겁쟁이가 아니라는 것을 입증하기 위해 노력해오고 있다.

7 Dawon has been working at the convenience store for two months.
다원이는 두 달째 그 편의점에서 일해 왔다.

8 Why hasn't Nancy been taking her medicine for the last two days?
왜 Nancy는 지난 이틀 동안 약을 먹지 않고 있어?

9 Jinny has been thinking about getting a cat. But she is not sure yet.
Jinny는 고양이를 갖는 것에 대해 생각하고 있어. 하지만 그녀는 아직 확신하진 않아.

10 "You have been using your inner power not for yourself but for other people."
"너는 너의 내공을 너 스스로가 아닌 다른 사람들을 위해 사용해오고 있다."

11 Where have you been? I have been looking for you for half an hour.
어디에 있었니? 30분 동안 너를 찾았어.

12 My computer has been running on the battery for almost four hours. I should plug it in soon.
내 컴퓨터는 거의 4시간째 배터리로 작동하고 있어. 난 곧 플러그를 꽂아야 해.

13 We have been waiting for Lena for so long.
우리는 Lena를 오랫동안 기다려 왔다.

14 A: How long have they been talking on the phone?
B: At least more than an hour.
A: 그들은 얼마나 오랫동안 통화를 하는 중이니?
B: 적어도 한 시간 이상이야.

15 Yuki has been conducting an amateur orchestra since 2013.
Yuki는 2013년부터 아마추어 오케스트라를 지휘해 오고 있다.

1 We had just caught a taxi when it started to rain.
비가 오기 시작했을 때, 우리는 막 택시를 잡았었다.

2 She had lived here for seven years until her husband passed away.
그녀는 남편이 죽기 전까지 7년 동안 여기에 살았었다.

3 We hurried back to see our favorite player, but she had gone.
우리는 우리가 가장 좋아하는 선수를 보기 위해 서둘러 돌아왔지만, 그녀는 가버렸었다.

4 A: Had you ever met him before you met me?
B: No, I hadn't met him before I met you.
A: 네가 나를 만나기 전에 그를 만난 적이 있었니?
B: 아니, 내가 너를 만나기 전에 그를 만난 적이 없어.

5 The exam period had already finished when I entered the classroom.
내가 교실에 들어갔을 때 시험 시간은 이미 끝나있었다.

6 His father was worn out because he had run ten miles in the marathon.
그의 아버지는 마라톤에서 10마일을 달렸기 때문에 매우 지쳤다.

7 The injured man had been dead when the ambulance arrived at the hospital.
부상당한 남자는 구급차가 병원에 도착했을 때 죽어 있었다.

8 Because he hadn't watered the roses, they started to wither.
그가 장미들에게 물을 주지 않아서 그것들은 시들기 시작했다.

9 My mom was angry because she had already called us for dinner three times.
엄마가 저녁을 먹으라고 우리를 세 번이나 불러서 엄마는 화가 나셨다.

10 A: I met Alicia last weekend, and she looked gorgeous.
B: I heard she had been on a diet earlier this year.
A: 나 지난 주말에 Alicia 만났는데, 아주 멋져 보이더라.
B: 그녀가 올해 초에 다이어트 했었다고 들었어.

11 "The other superheroes had not been as successful at using their powers as you were!"
"다른 슈퍼히어로들은 그들의 힘을 사용하는 데에 너만큼 성공적이지 못해왔다."

12 (announcement) The plane had landed before the bomb exploded, so most of the passengers were safe.

(방송) 폭탄이 터지기 전에 비행기가 착륙했기에 승객 대부분이 무사했습니다.

13 Maria had already left home when the package arrived.
택배가 도착했을 때, Maria는 이미 집을 떠났었다.

14 When I woke up, I saw that my husband had made breakfast.
내가 일어났을 때, 남편이 아침을 만들어 놓은 것을 보았다.

15 Five minutes after leaving my house, I realized I hadn't locked the front door.
집을 나오고 오 분 뒤, 나는 내가 앞문을 잠그지 않은 것을 깨달았다.

Chapter 02 / 조동사

1 He might have survived the accident.
그는 그 사고로부터 생존했을지도 모른다.

2 The suspect may have made a false confession.
그 용의자는 거짓 자백을 했을지도 몰라.

3 She may not have flown away on a broomstick this time.
그녀가 이번에는 빗자루를 타고 날아가지 않았을지도 몰라.

4 A: I couldn't sleep well last night because a baby was crying.
B: It might not have been a baby.
A: 어젯밤에 어떤 아기가 울어서 잠을 잘 수 없었어.
B: 아기가 아니었을지도 몰라.

5 I can't believe Sean hasn't arrived yet. He may have caught the wrong bus.
Sean이 아직 도착하지 않다니 믿을 수가 없어. 그는 버스를 잘못 탔을지도 몰라.

6 My teacher might have called my dad about my bad grades.
나의 선생님께서 나의 안 좋은 성적에 대해 아빠한테 전화했는지도 몰라.

7 A: Did you see all that trash in the street?
B: A drunken man might have knock the trash can over or some kids might have kicked it.
A: 길거리에 있는 그 많은 쓰레기들 봤어?
B: 술 취한 사람이 쓰레기통을 넘어뜨렸을 수도 있고, 아이들이 그것을 찼을지도 모르지.

8 A: Does Daddy know I'm arriving at the station at eight o'clock?
B: Yes, he may have already left to pick you up.

A: 아빠가 제가 8시에 역에 도착할 거라는 것을 아시나요?
B: 그래, 그는 이미 너를 태우려고 떠났을지도 모른다.

9 She might have forgotten about the money (that) she owed me.
그녀가 나에게 빌린 돈에 대해서 잊고 있을지도 몰라.

10 The spy from North Korea might have revealed our classified information to China.
북한 스파이가 우리의 기밀 정보를 중국에 누설했을지도 몰라.

11 Andrew answered, "Well, without your advice, I might have become a villain, too."
Andrew는 답했다, "글쎄요, 당신의 충고가 없었다면, 저도 역시 악당이 되었을지도 몰라요."

12 A: Kelly promised to meet me for dinner at 6:00 at the restaurant, but it's now 6:40!
B: She might have forgotten or might have fallen asleep at home.
A: Kelly는 나랑 저녁을 먹기 위해 6시에 이 식당에서 만나기로 약속했는데 지금 6시 40분이야!
B: 잊었거나 집에서 잠들었을지도 모르겠다.

13 She might have prepared for this presentation for a long time.
그녀는 이 프레젠테이션을 위해 오랫동안 준비 했을지도 모른다.

14 He may not have forgiven what you did behind his back.
그는 네가 그의 등 뒤에서 했던 것을 용서하지 않았을지도 몰라.

15 A: In the morning, I saw that the flowers in my garden disappeared.
B: The bugs might have eaten them, or the wind might have blown them all away.
A: 아침에, 우리 정원의 꽃들이 없어진 것을 봤어.
B: 벌레들이 먹었거나, 바람이 그것을 모두 날려버렸을지도 모르겠다.

UNIT 05 should have p.p.

1 Mom: You should have listened to Mom.
엄마: 엄마 말을 들었어야지.

2 I shouldn't have met you in the first place...
애초에 너를 만나지 말았어야 했는데…

3 He shouldn't have wasted his youth like that.
그는 그렇게 청춘을 낭비하지 말았어야 했는데.

4 The coach was right. We should have followed his directions.
감독님이 옳았어. 우리는 그의 지시를 따랐어야 했는데.

5 We are lost. We should have downloaded a map.
우리는 길을 잃었어. 지도를 다운 받았어야 했는데.

6 "Ahh... Jake should have been here with me during the battle..."
"아… Jake가 그 전투에서 저와 함께 여기 있었어야 했는데…"

7 Alice in Wonderland should have never trusted the White Rabbit.
이상한 나라의 앨리스는 화이트 래빗를 절대 믿어서는 안됐어.

8 I should've said 'No, never', but instead I said 'Yes, please'.
나는 '아니요. 절대 아니요'라고 말했어야 했는데, 대신에 나는 '네, 제발요'라고 말했다.

9 You should have helped me. Why did you just sit and watch?
너는 나를 도와야 했어. 왜 그냥 앉아서 지켜보기만 했니?

10 A: I shouldn't have yelled at you yesterday. I'm sorry.
B: (yelling) APOLOGY ACCEPTED!
A: 어제 너에게 소리치지 말았어야 했어. 미안해.
B: (소리치며) 사과 받아줄게!

11 He should have gone to a doctor before getting lung cancer.
폐암에 걸리기 전에 그는 의사에게 진찰을 받으러 갔어야 했다.

12 It was a surprise party! They should have kept quiet till she came in.
그것은 깜짝 파티였어! 그녀가 들어올 때까지 그들은 조용히 했어야 했어.

13 I should not have believed what you promised.
네가 한 약속을 믿지 말았어야 했는데.

14 I should have gone to bed earlier to see you in my dreams.
꿈에서 너를 보기 위해서 잠자리에 빨리 들었어야 했는데.

15 The chef should have remembered that the guests don't eat pork. They are Jewish.
요리사는 방문객들이 돼지고기를 먹지 않는다는 것을 기억했어야 했어. 그들은 유대인이야.

UNIT 06 must have p.p. vs. can't have p.p.

1 It must've been love, but it's over now.
그것은 사랑이었음에 틀림없어, 하지만 그것은 이제 끝났어.

2 He cannot have done such a generous thing.
그가 그렇게 관대한 일을 했을 리가 없어.

3 Girl 1: Look at that girl. She must have gotten a nose job.
Girl 2: Yeah, it looks so unnatural.
소녀1: 저 여자애 좀 봐. 그녀는 코 성형수술을 했음에 틀림없어.
소녀2: 응, 그것은 매우 부자연스러워 보여.

4 You cannot have been very cute when you were a child.
네가 어렸을 때 매우 귀여웠을 리가 없어.

5 You must have spent a lot of time painting your nails.

너는 너의 손톱을 칠하는데 많은 시간을 보냈었음에 틀림없어.

6 This awesome photo must have been taken right after the concert.

이 굉장한 사진은 콘서트 바로 후에 찍혔음이 틀림없어.

7 My uncle can't have bought the toy today because the shops are closed.

가게들이 닫았기 때문에 내 삼촌이 그 장난감을 오늘 샀을 리가 없어.

8 It must have rained a lot last night. There are puddles everywhere.

어젯밤에 비가 많이 왔음에 틀림없어. 여기저기에 물웅덩이들이 있어.

9 Liam's car was parked in front of my house. He can't have been in the dorm.

Liam의 차가 내 집 앞에 주차되어 있었어. 그가 기숙사에 있었을 리가 없어.

10 Look at Sebin's suntan. She must have gone somewhere tropical for vacation.

세빈이의 그을린 피부를 봐. 그녀는 휴가차 열대 지방에 갔었음에 틀림없어.

11 Leo cannot have met another girl. He was with me all the time. Ah, don't you know he is a twin?

Leo는 다른 여자를 만났을 리가 없어. 그는 나와 줄곧 함께 있었거든. 아, 너 그가 쌍둥이란 거 모르니?

12 "He must have overslept this morning. It's strange. We always meet here to take the subway to school together."

"그가 오늘 아침에 늦잠 잤던 게 틀림없어요. 이상하네요. 저희는 학교에 가는 지하철을 함께 타기 위해 항상 여기에서 만나거든요."

13 You didn't find it? Then, someone <u>must have thrown</u> it away.

그것을 못 찾았다고? 그럼, 누군가 그것을 버렸음에 틀림없어.

14 Where is my striped shirt? My sister <u>must have taken</u> it without telling me again.

내 줄무늬 셔츠가 어디 있지? 내 여동생이 나에게 얘기도 안 하고 그것을 또 가져간 게 틀림없어.

15 A: I saw Carmen last night at the gym.
B: You <u>couldn't have seen</u> her! She's away on her honeymoon. You <u>must have seen</u> someone else.
A: 난 어젯밤에 체육관에서 Carmen을 봤어.
B: 네가 그녀를 보았을 리가 없어. 그녀는 신혼여행 중이야. 넌 다른 사람을 봤음에 틀림없어.

Chapter 03 / 수동태

UNIT 7　조동사가 있는 문장의 수동태

1 Our lives will be controlled by technology.

우리의 삶은 과학 기술에 의해 통제될 것이다.

2 Photos may be taken during this performance.

이 공연 중에 사진이 촬영되어도 됩니다.

3 The Big Dipper can be seen from here on a clear day.

북두칠성은 맑은 날 여기서 보일 수 있다.

4 This medication shouldn't be taken on an empty stomach.

이 약은 공복에 섭취되면 안 된다.

5 A: This mission must be kept secret among us.
B: Roger that, commander!
A: 이 임무는 우리 사이의 비밀로 유지되어야만 한다.
B: 알겠습니다, 사령관님!

6 The drone can be operated by eye movement.

그 드론은 눈의 움직임에 의해 작동될 수도 있습니다.

7 The same mistake should not be made again.

똑같은 실수가 다시 일어나서는 안 된다.

8 These samples must not be exposed to contamination.

이 샘플들은 오염에 노출되면 안 됩니다.

9 This recipe can be made with margarine instead of butter.

이 요리법은 버터 대신 마가린으로 만들어질 수 있다.

10 A great deal of meaning can be conveyed by a few well-chosen words.

잘 선택된 몇몇의 단어에 의해 많은 의미가 전달될 수 있다.

11 The God said, "He might be exhausted from staying up all night studying for mid-terms."

그 신이 말했다. "어쩌면 중간고사에 대비하는 밤샘 공부 때문에 지쳤나 보구나."

12 The iPhone must be returned in its original packaging, including any accessories, manuals, and documentation.

그 아이폰은 액세서리, 매뉴얼, 서류를 포함하여 원래의 포장으로 반납되어야 합니다.

13 Your calling plan <u>may be changed</u> without notice.

귀하의 전화 요금제는 예고 없이 수정될 수도 있습니다.

14 Popular songs <u>should not be adapted</u> without permission.

대중가요 노래들은 허가 없이 개작되어서는 안 된다.

15 This is simple software which <u>can be used</u> for educational purposes.
이것은 교육적 목적들을 위해 사용될 수 있는 간단한 프로그램입니다.

14 This new camera <u>was bought for</u> her for her 19th birthday.
이 새로 나온 카메라가 그녀의 19번째 생일을 위해서 그녀에게 사졌다.

15 When a question <u>was asked of</u> him about the accident, he felt very embarrassed.
그가 그 사고에 대한 질문을 받았을 때 그는 매우 당황스러워했다.

UNIT 08 4형식 문장의 수동태

1 A free doughnut was given to each of us.
무료 도넛이 우리 개개인에게 주어졌다.

2 The paper ship was made for me by Dad.
아빠는 나에게 종이배를 만들어주셨다.

3 A private question was asked of the singer by the reporter.
그 기자에 의하여 그 가수에게 사적인 질문이 물어봐졌다.

4 The homeless were promised new houses by the mayor.
노숙자들은 시장에 의해 새로운 집들을 약속받았다.

5 The old airplane was shown to a master mechanic for inspection.
그 낡은 비행기는 검사를 위해서 기능장에게 보여졌다.

6 A small pond was built for my children by my husband.
내 남편에 의해 작은 연못이 아이들을 위해 만들어졌다.

7 The side kick was taught to me by an elderly man next door.
그 옆차기는 옆집 할아버지에 의해 나에게 가르쳐졌다.

8 At last, Amy's lost dog was found for her by the police.
마침내 Amy의 잃어버린 개는 경찰에 의해 발견되었다.

9 The reason why the letter was written to the servant was not recorded.
그 편지가 그 하인에게 쓰여진 이유는 기록되어 있지 않았다.

10 Dad: Were you given the allowance for this week by Mom?
    Son: No. You should give it to me.
아빠: 너 엄마한테 이번 주 용돈 받았니?
아들: 아니요. 아빠가 저에게 주셔야죠.

11 I was offered a job by Ford. Lunch is on me today! What do you want to have?
나 Ford에 의해 직업을 제공받았어. 오늘 내가 점심 살게! 뭐 먹고 싶니?

12 Calling Jake's home, Andrew said, "It's already late. A punishment will be given to him."
Andrew는 Jake의 어머니에게 전화를 걸며 "이미 늦었네요. 그에게 벌칙이 주어지겠는데요."라고 말했다.

13 The Statue of Liberty <u>was given to</u> the United States by France.
미국은 프랑스에 의해 자유의 여신상을 받았다.

UNIT 9 5형식 문장의 수동태

1 My dog was named Nabi by me.
나의 강아지는 나에 의해 나비라고 이름이 붙여졌다.

2 A soldier was found dead in the forest.
군인 한 명이 숲에서 죽은 채로 발견 되었다.

3 Unfortunately, Jack wasn't elected their first leader.
불행히도, Jack은 그들의 첫 번째 지도자로 선출되지 않았다.

4 From now on, your silence will be considered your consent.
지금부터, 당신의 침묵은 당신의 동의로 간주될 것입니다.

5 The statue has been kept intact despite the two big wars.
두 번의 큰 전쟁에도 불구하고 그 조각상은 온전한 채로 보존되어왔다.

6 She wasn't allowed to have a boyfriend by her father.
그녀는 그녀의 아버지에 의해 남자친구를 사귀도록 허락받지 못했다.

7 The accused was proven innocent by the evidence.
피의자는 증거에 의해 결백함이 증명되었다.

8 As a punishment for lying, I was made to feed the ducks by Dad every morning.
거짓말 한 벌로, 나는 아빠에 의해 매일 아침 오리를 먹이게 됐다.

9 Kenny was seen stealing some cookies at the store by the clerk.
Kenny는 점원에 의하여 그 가게에서 쿠키를 좀 훔치는 것이 목격되었다.

10 The building was felt shaking by the residents in the middle of the night.
거주민들은 한밤중에 그 건물이 흔들리는 것을 느꼈다.

11 Skin cancer is thought to be caused by excessive exposure to the sun.
피부암은 태양에 과도한 노출로 인해 야기되는 것이라고 여겨진다.

12 "Hello?" answered Jake's mom over the phone. "Hello, Mrs. Florrick. This is Andrew. Jake should be made to get up now."

"여보세요?" 전화 너머 Jake의 엄마가 응답했다. "안녕하세요, Florrick 부인. 저 Andrew인데요. Jake를 지금 좀 깨우셔야 하겠는데요."

13 This type of computer <u>is called a tablet PC</u>.
이런 종류의 컴퓨터는 태블릿PC라고 불린다.

14 The old men <u>were made to cut</u> rice plants with a sickle.
그 노인들은 낫으로 벼를 베도록 강요당했다.

15 Smith <u>was heard</u> singing[sing] the most terrible song by his neighbors.
Smith는 그의 이웃들에 의해 가장 끔찍한 노래가 불려지는 것이 들려졌다.

Chapter 04 / 부정사·동명사

1 It's okay not to be okay!
괜찮지 않아도 괜찮아!(항상 좋을 수는 없잖아.)

2 Being humble is not having pride or arrogance.
겸손한 것은 자만심이나 거만함을 갖지 않는 것이다.

3 Don't be afraid to fail. Be afraid not to try.
실패할까 봐 두려워하지 말라. 시도해보지 않을 것을 두려워하라.

4 Never worrying about little things is my New Year's resolution.
절대로 작은 일들에 대해 걱정하지 않는 것이 나의 새해결심이다.

5 Yuki practiced hard not to ruin the concert only to ruin it.
Yuki는 콘서트를 망치지 않기 위해 열심히 연습했지만, 결국에는 망치고 말았다.

6 Not wanting anything in life can make you very happy.
삶에서 어떤 것도 원하지 않는 것은 당신을 행복하게 만들 수 있습니다.

7 To see the right and not to do it is cowardice. – Confucius
의(義)를 보고도 행하지 않는 것은 비겁함이다. - 공자

8 Not doing anything is worse than doing the wrong thing.
아무것도 하지 않는 것은 잘못된 것을 하는 것보다 더 나쁘다.

9 The bear hid behind the tree not to be caught by the hunter.
곰은 사냥꾼에게 걸리지 않기 위해 나무 뒤에 숨었다.

10 Risk comes from not knowing what you're doing.
위험은 자신이 무엇을 하는지 모르는 데서 온다.

11 A: I'm getting fat. I decided not to eat after 6 p.m.
B: That's why you eat a lot until 5:59 p.m.
A: 나 뚱뚱해지고 있어. 오후 6시 이후엔 먹지 않기로 결심했어.
B: 그래서 네가 5시 59분까지 많이 먹는 거구나.

12 "He's already late for school, so he has to come immediately not to receive a serious punishment."
"이미 그는 학교에 늦어서, 심각한 벌칙을 받지 않으려면 즉시 나와야 할 거예요."

13 She's tired from <u>not getting</u> enough sleep.
그녀는 충분한 잠을 자지 않아서 피곤하다.

14 A: How was my acting?
B: To be frank, I'd like you <u>not to act</u> again.
A: 내 연기 어땠어요?
B: 솔직히 말하면, 당신이 연기를 다시 하지 않으면 좋겠어요.

15 <u>Not taking</u> a break while working is like <u>not drinking</u> a Coke while eating pizza.
일하는 동안 쉬지 않는 것은 피자를 먹는 동안 콜라를 마시지 않는 것과 같다.

1 It was unfortunate for her to miss such a chance.
그녀가 그런 기회를 놓친 것은 운이 없었다.

2 It was careless of you to touch the snake.
그 뱀을 건드리다니 너는 부주의했다.

3 Daniel doesn't mind people taking a picture of him.
Daniel은 사람들이 그의 사진을 찍는 것을 꺼려하지 않는다.

4 His singing a song made everyone laugh.
그가 노래를 부르는 것이 모두를 웃게 만들었다.(그가 노래를 부르자 모두 웃었다.)

5 It is thoughtful of you to remind me of my promise.
약속을 상기시켜 주다니 당신은 사려 깊습니다.

6 Mom: I'm worried about you running in the park after dark.
Son: Don't worry. There's a police station near the park.
엄마: 네가 어두워 진 후 공원에서 달리기 하는 것이 걱정이 돼.
아들: 걱정 마세요. 공원 근처에 경찰서가 있어요.

7 A: I got stuck in the heavy traffic.
B: My leaving early was a wise decision.
A: 차가 너무 막혔어.
B: 내가 일찍 떠난 것은 현명한 결정이었네.

8 It was hopeless for him to overturn the result.
그가 결과를 뒤집을 가망은 없었다.

9 It was brave of Galileo to challenge the authority of scholars at that time.
그 당시 학자들의 권위에 도전하다니 갈릴레오는 용감했다.

10 I was thankful for the man next door shoveling snow from my driveway.
나는 옆집 남자가 나의 진입로에서 눈을 치워준 것에 대해 고마워했다.

11 He imagined his boss walking into his office every time he sat on a chair.
그는 의자에 앉을 때마다 그의 사장님이 그의 사무실로 걸어 들어오는 것을 상상했다.

12 "Oh, Jake left home as usual. I'm concerned to hear of his not being on time at the station. You guys meet there everyday, don't you?" Mrs. Florrick answered.
"오, Jake는 평상시처럼 집을 떠났는데. 걔가 역에 제시간에 없었다는 것을 들으니 염려스럽구나. 너희들 매일 거기에서 만나잖아, 그렇지 않니?" Florrick 부인이 답했다.

13 It was kind <u>of you</u> to <u>lend</u> me your bus card.
네가 어제 나한테 버스카드를 빌려준 것은 정말 착한 일이었어.

14 The problem seems somewhat difficult <u>for him to solve</u>.
그 문제는 그가 풀기에 약간 어려워 보인다.

15 She is grateful for <u>my[me] spending</u> time with her when she is in the hospital
그녀는 병원에 있을 때 내가 시간을 함께 보내는 것에 대해 감사하게 생각한다.

UNIT 12 to부정사 vs. 동명사

1 Does Charlotte remember to go out with me?
Charlotte이 나와 데이트하기로 한 거 기억하는 걸까?

2 Does Charlotte remember going out with me?
Charlotte이 나와 데이트했던 거 기억하는 걸까?

3 We tried to finish the work by Friday.
우리는 그 일을 금요일까지 끝내려고 노력했다.

4 We tried finishing the work by Friday.
우리는 그 일을 금요일까지 한번 끝내보려고 했다.

5 A: Oh, I forgot to turn off the oven at home!
B: You'll never forget to turn off the oven if you never turn it on.
A: 아! 나 집에 오븐 끄는 것을 잊었어!
B: 네가 켜지 않는다면, 너는 결코 오븐 끄는 것을 잊지 않을 거야.

6 Did you forget to buy me lunch today?
너 나한테 오늘 점심 사주기로 한 거 잊어버렸어?

7 Did you forget buying me lunch today?
너 나한테 오늘 점심 사줬던 거 잊어버렸어?

8 We stopped to throw some garbage in the trash can.
우리는 쓰레기통에 쓰레기를 버리기 위해 멈췄다.

9 Please stop throwing garbage on the floor.
바닥에 쓰레기 버리는 것을 멈추세요.

10 I regret to tell you the truth.
네게 진실을 말하게 되서 유감이야.

11 I regret telling you the truth.
네게 진실을 말했던 것을 후회해.

12 Andrew said, "Oh, I see, ma'am. I'll try to find him at school. Bye."
Andrew가 말했다, "아, 알겠어요, 아주머니. 학교에서 그를 찾아볼게요. 안녕히 계세요."

13 Don't <u>forget to remember</u> me.
날 기억하는 것을 잊지 말아요.

14 I <u>tried eating</u> the exotic fruit durian while I was in Malaysia.
나는 말레이시아에 있었을 때, 이국적인 과일 두리안을 시험 삼아 먹어보았다.

15 On the way home from work, Peggy <u>stopped to buy</u> some sweets.
퇴근하는 길에, Peggy는 단 것을 사기 위해 길을 멈추었다.

UNIT 13 too ~ to...

1 It's too good to be true.
그것은 너무 좋아서 사실일 수가 없어.

2 Chicken is too tempting to refuse.
치킨은 너무 유혹적이어서 거절할 수가 없어.

3 Everybody was too upset to say anything.
모두가 너무 화가 나서 아무 말도 할 수 없었다.

4 The river runs too fast for children to swim in.
그 강은 너무 빨리 흘러서 아이들은 헤엄칠 수 없다.

5 A: I am too hungry to exercise anymore.
B: Just do it.
A: 나는 너무 배고파서 더 이상 운동을 할 수 없어.
B: 그냥 해.

6 Gulliver was too weak to survive on a deserted island.
Gulliver는 너무 약해서 무인도에서 살아남을 수 없었다.

7 Sweetie, this soup is too hot to eat. Let Mommy blow on it.
아가야, 이 수프는 너무 뜨거워서 먹을 수가 없어. 엄마가 후후 불어줄게.

8 His behavior was too rude for me to tolerate.
그의 행동은 내가 참기에 너무 무례했다.

9 Some Greek myths are too unrealistic to be true.
몇몇 그리스 신화들은 사실이라기엔 너무 비현실적이다.

10 We ate Jamaican jerk chicken too quickly to take pictures.
우리는 너무 빨리 자메이카 저크 치킨을 먹어서 사진을 찍을 수 없었다.

11 The old couple arrived too late to see the beginning of the movie.
그 노부부는 너무 늦게 도착해서 그 영화의 시작을 볼 수 없었다.

12 Andrew said to the God, "It's too late to get to school on time by subway. I'll have to get to school immediately and see if Jake is there. See you later."
Andrew는 그 신에게 말했다. "지하철을 타고 제시간에 학교에 가기에는 너무 늦었네요. 즉시 학교에 가서 Jake가 괜찮은지 봐야겠어요. 나중에 봐요."

13 Judy is too careless to work as a nanny.
Judy는 유모로 일하기에 너무 조심성이 없다.

14 The cave was too narrow for the boys to hide in.
그 동굴은 너무 좁아서 그 소년들이 숨을 수 없었다.

15 Cindy's voice was too quiet for me to understand what she was saying.
Cindy의 목소리는 너무나 작아서 나는 그녀가 무엇을 말하는지 이해할 수가 없었다.

UNIT **14** enough to

1 We're eighteen, so we're old enough to vote.
우리는 18살이어서 투표를 하기에 충분할 정도로 나이를 먹었다.

2 Isn't Rudolph thin enough to come down the chimney?
루돌프는 굴뚝에 들어가기에 충분할 정도로 날씬하지 않니?

3 The car ran slowly enough for Ms. Kim to enjoy the scenery.
그 차는 충분히 천천히 달려서 김 여사가 경치를 즐길 수 있었다.

4 There is enough food for us to survive three days.
우리가 3일 동안 생존할 만큼의 충분한 식량이 있다.

5 Jordan was generous enough to forgive the thief.
Jordan은 그 도둑을 용서할 정도로 충분히 너그러웠다.

6 A day is not long enough for us to change the world.
하루는 우리가 세상을 변화시킬 수 있을 만큼 충분히 길지 않다.

7 Amanda's GPA is high enough to be accepted into an IVY League school.

Amanda의 성적은 IVY리그 대학에 들어가기에 충분할 정도로 높다.

8 This room is large enough for four of us to stay in.
이 방은 우리 네 명이 머물 수 있을 만큼 크다.

9 The angry elephant was strong enough to drive away the hippos.
그 성난 코끼리들은 하마들을 쫓아버릴 만큼 강했다.

10 The mermaid's voice was attractive enough to lure any fisherman passing by.
그 인어의 목소리는 충분히 매력적이어서 지나가는 어떠한 어부라도 유혹할 수 있었다.

11 The school was ten kilometers away from the station, but Andrew was fast enough to arrive at school in a flash.
학교는 역에서 10km 떨어져 있었지만, Andrew는 너무나 빨라서 순식간에 학교에 도착했다.

12 No man is good enough to govern another man without that other's consent. – Abraham Lincoln
누구도 그 사람의 동의 없이 그를 지배할 만큼 훌륭하지는 않다. - 아브라함 링컨

13 The fireworks were beautiful enough to fascinate tourists.
그 불꽃놀이는 관광객들을 매혹시킬 만큼 충분히 아름다웠다.

14 They worked hard enough to escape from the poverty.
그들은 가난에서 벗어나려고 열심히 일했다.

15 Most of us are not smart enough to create inventions, but we can still enjoy using them in our lives.
우리 중 대부분은 발명품들을 발명할 정도로 충분히 영리하지는 않지만, 우리는 우리의 삶에서 그것들을 사용하는 것을 즐길 수 있다.

UNIT **15** 동명사의 관용표현

1 There is no pleasing Scrooge.
스크루지를 기쁘게 하는 것은 불가능하다.

2 It was such a funny story that I couldn't help laughing.
그것은 정말 재미있는 이야기여서 나는 웃지 않을 수 없었다.

3 It is worth trying something than doing nothing.
아무것도 하지 않는 것보다 무언가를 시도해보는 것이 더 가치 있다.

4 It's no use trying to draw the sword.
그 검을 뽑으려는 것은 소용없다.

5 I look forward to visiting the Van Gogh museum in the Netherlands.

나는 네덜란드에 있는 반 고흐 박물관에 방문하는 것을 고대한다.

6 The tribe is not accustomed to obeying orders.

그 부족은 명령에 복종하는 것에 익숙하지 않다.

7 Is there anybody that has difficulty talking in front of others?

다른 사람들 앞에서 이야기 하는데 어려움을 겪는 사람 있나요?

8 A: How about going to see *The Phantom of the Opera* with me?

B: Maybe some other time.

A: 나와 '오페라의 유령'을 보러 가는 게 어때?

B: 다음에.

9 Spring is when you feel like whistling even with a shoe full of slush.

봄이란 설사 신발에 눈 녹은 진창물이 가득하더라도 휘파람을 불고 싶은 때이다.

10 Life is what happens to you while you're busy making other plans. – John Lennon

인생이란 네가 다른 계획을 세우느라 바쁠 때 너에게 일어나는 것이다. - 존 레논

11 It is no use killing one cockroach. There are probably thousands more that you don't know about.

바퀴벌레 한 마리를 죽여봐야 소용없다. 당신이 모르는 수천 마리의 다른 바퀴벌레들이 더 있을 것이다.

12 Entering his classroom right before the bell rang, Andrew couldn't help wondering why Jake was absent.

종이 울리기 바로 전에 교실에 들어갔을 때, Andrew는 왜 Jake가 오지 않았는지 궁금하지 않을 수 없었다.

13 Mickey was so tired that he had difficulty[trouble] staying awake in class.

Mickey는 너무 피곤해서 수업시간에 깨어있는데 어려움을 겪었다.

14 Dad goes fishing every weekend, and Mom goes swimming every other day.

아빠는 매주 낚시를 가시고, 엄마는 하루 걸러 수영을 가신다.

15 Why does Julie always spend a lot of money buying things she doesn't need?

왜 Julie는 항상 그녀가 필요하지 않은 것들을 사는데 많은 돈을 소비할까?

Chapter 05 / 분사

UNIT 16 현재분사 vs. 과거분사

1 The girls sharing the umbrella are twins.

그 우산을 함께 쓰는 소녀들은 쌍둥이이다.

2 The umbrella shared by the girls is torn.

그 소녀들에 의해 함께 쓰여진 우산은 찢어졌다.

3 The fire burning the building is spreading quickly.

그 건물을 태우는 불이 빠르게 확산되고 있다.

4 The building burned by the fire has not been repaired yet.

화재로 인해 타버린 건물은 아직 수리되지 않았다.

5 Every man is the builder of a temple called his body.

모든 사람은 자신의 몸이라고 불리는 신전의 건축가이다.

6 The men cooking some food for dinner are my uncles.

저녁 식사를 요리하는 남자들은 우리 삼촌들이다.

7 The performance played entirely in mime was a great success.

완전히 무언극으로 행해진 그 공연은 대성공이었다.

8 The pretty woman howling on the branch is not a human but a witch.

나뭇가지 위에서 울부짖는 저 예쁜 여자는 사실 사람이 아니라 마녀이다.

9 In the near future, you can eat noodles made by a robot cook.

조만간, 여러분은 로봇 요리사에 의해 만들어진 국수를 먹을 수 있습니다.

10 A: The ladies talking loudly behind us are my mom's friends.

B: Wait! Isn't the lady wearing red socks my mom?

A: 우리 뒤에서 시끄럽게 얘기하는 저 여인들은 우리 엄마 친구들이야.

B: 잠깐! 빨간 양말 신은 여자가 우리 엄마 아냐?

11 Excuse me, sir. You will have to compensate us for the chandelier broken by your cat.

실례합니다, 손님. 당신은 당신의 고양이에 의해 부서진 상들리에에 대해 저희에게 보상하셔야 할 것입니다.

12 The teacher came in the classroom. Checking his students, he said, "Jake is missing. Does anyone know where he is?"

선생님께서 교실에 들어오셨다. 그의 학생들을 확인하고 그가 물어보셨다. "Jake가 없구나. Jake가 어디 있는지 아는 사람 있니?"

13 Is there anybody going to listen to my story?

내 이야기를 들어줄 누군가가 있나요?

14 After work, we're going to have Nagasaki udon <u>sold</u> in Sungsan.

일이 끝난 후에, 우리는 성산에서 팔리는 나가사키 우동을 먹을 것이다.

15 The thieves <u>trapped</u> in the elevator <u>are waiting</u> for the rescue team.

엘리베이터에 갇힌 도둑들이 구조팀을 기다리는 중이다.

UNIT 17 with + 명사 + 분사

1 He sat there with his legs shaking.

그는 다리를 떨면서 거기에 앉아 있었다.

2 She was praying with her hands clenched.

그녀는 손을 꼭 쥔 채로 기도 하는 중이었다.

3 Briana smiled at me with her cute eyes blinking.

Briana는 그녀의 귀여운 눈을 깜박이며 나에게 미소를 지었다.

4 With nobody answering, Andrew felt nervous.

아무도 답하지 않자, Andrew는 불안하게 느꼈다.

5 He kept telling me what to do with his arms folded.

그는 팔짱을 낀 채로 무엇을 해야 할지 나에게 계속 말했어.

6 Rami opened the doughnut box with his mouth watering.

Rami는 입에 군침을 흘리면서 도넛상자를 열었다.

7 Carly drove her car with a coffee cup sitting on the roof.

Carly는 커피잔을 지붕에 놓은 채로 그녀의 차를 운전했다.

8 A: How long can you stay underwater with your eyes shut?

  B: I can't do that even for a second.

  A: 너 물 속에서 눈을 감은 채로 얼마나 오래 있을 수 있어?

  B: 난 그렇게는 1초도 못해.

9 She was staring at the camera with her hair blowing in the wind.

그녀는 바람에 머리카락을 휘날리며 카메라를 응시하고 있었다.

10 The woman was vomiting with her nose running at the same time.

그 여자는 콧물을 흘림과 동시에 토를 하고 있었다.

11 Love is like an hourglass, with the heart filling up as the brain empties.

사랑은 모래시계와 같아서, 뇌가 비어짐에 따라 마음은 차오른다.

12 He smiled with blood streaming from his forehead and said, "I'll always be here for you."

그는 이마에서 피가 흐른 채로 웃었고 "항상 너의 곁에 있을게."라고 말했다.

13 The bird couldn't fly <u>with its wing broken</u>.

날개가 부러진 채로 그 새는 날 수 없었다.

14 It is a sunny and bright morning <u>with breeze blowing</u>.

산들바람이 부는 맑고 화창한 아침이다.

15 Becky was standing <u>with tears running</u> down her cheeks.

Becky는 그녀의 볼에 눈물을 흘리며 서 있었다.

Chapter 06 / 분사구문

UNIT 18 분사구문의 부정

1 Not having a job yet, I am free.

아직 직업이 없기 때문에, 나는 한가하다.

2 Never eating vegetables, Sally doesn't get enough vitamins.

채소를 절대 먹지 않아서, Sally는 비타민을 충분히 얻지 못한다.

3 Not believing his girlfriend, he broke up with her.

그의 여자 친구를 믿지 않았기 때문에, 그는 그녀와 헤어졌다.

4 Not wanting to tell the truth, the girl made up an excuse.

사실을 말하고 싶지 않아서, 그 소녀는 변명을 했다.

5 Not going to the store, I can buy the stuff on the Internet.

가게에 가지 않더라도, 나는 인터넷에서 그 물건을 살 수 있다.

6 Not being able to focus on his work, Tommy drank three cups of coffee.

일에 집중할 수가 없어서, Tommy는 커피를 세 잔이나 마셨다.

7 Not (being) satisfied with her hairstyle, she started to scream.

자신의 헤어스타일에 만족하지 않아서, 그녀는 비명을 지르기 시작했다.

8 Not exercising at all, he's getting fatter and fatter by the day.

전혀 운동하지 않기 때문에 그는 매일 점점 더 뚱뚱해지고 있다.

9 Never putting any effort, Ms. Sharma wants to lose weight.

어떠한 노력도 전혀 기울이지 않으면서, Sharma 씨는 그녀의 몸무게를 빼기 원한다.

10 Never intending to disturb Ms. Drayer's sleep, I tiptoed out of the room.

절대로 Drayer 씨의 수면을 방해하지 않으려는 의도로, 나는 발끝으로 그 방을 나왔다.

11 Not being mature enough, teenagers sometimes make big mistakes.
아직 충분히 성숙하지 않기 때문에, 십대들은 가끔 큰 실수를 저지른다.

12 He thought, "Not being something he would do, it means something happened to him."
그는 추측했다. '이런 일은 그가 할 일이 아닌데, 이건 그에게 무슨 일이 벌어졌다는 것을 의미해.'

13 Not[Never] knowing some words, Kate looked them up in a dictionary.
몇몇 단어를 알지 못해서, Kate는 사전에서 그것을 찾아보았다.

14 Not[Never] having enough money, we will go to Seoul for a trip anyway.
충분한 돈이 없더라도, 우리는 어쨌든 서울에 여행하러 갈 것이다.

15 The criminals wandered Europe for several months, not[never] being caught by the police.
그 범죄자들은 경찰에게 잡히지 않고 유럽을 몇 달 간 돌아다녔다.

UNIT **19** 분사구문의 시제

1 Drinking a Coke, Mr. Reuben felt refreshed.
콜라를 마시면서 Reuben 씨는 기분이 상쾌해졌다.

2 Having drunk a Coke, Mr. Reuben ordered another one.
콜라를 마신 후, Reuben 씨는 다른 콜라를 주문했다.

3 Having defeated Taeeun, Taehee was in a good mood.
태은이를 패배시킨 후 태희는 기분이 좋았다.

4 Having been defeated by the opponent, Taeeun was quite frustrated.
적에게 패배당한 후, 태은이는 매우 좌절했다.

5 (Being) angry at my words, he kept looking out the window.
내 말에 화가 나서 그는 창 밖을 계속 바라보았다.

6 Having sharpened her knife, she began her work as usual.
칼을 간 후에 그녀는 평소처럼 일을 시작했다.

7 Not knowing what to do, I stood up and followed her to the altar.
무엇을 해야할지 몰라서, 나는 서있다가 그녀를 따라 제단으로 갔다.

8 Not having been born in China, Ling Ling can't speak Chinese.
중국에서 태어나지 않아서, Ling Ling은 중국어를 할 줄 모른다.

9 (Being) bothered by mosquitoes, Yan had to wear his jacket despite the tropical heat.
모기들에 의해 괴롭힘을 당해서, Yan은 열대의 열기에도 불구하고 그의 재킷을 입어야 했다.

10 (Having been) frightened by the loud fireworks, the dog hid under the couch.
시끄러운 불꽃놀이에 놀라서, 강아지는 소파 밑으로 숨었다.

11 Girl: Having read a biography of Mother Theresa, I decided to become a nun.
Boy: I would rather not read a biography of Great Master Wonhyo.
소녀: 마더 테레사에 대한 전기를 읽은 후에 나는 수녀가 되기로 결심했어.
소년: 원효대사 전기는 읽지 말아야겠다.

12 "Not having even a single absence from school, he cannot just play hooky without any notice."
'학교에 단 한 번도 결석한 적이 없었으므로, 그가 아무런 알림도 없이 땡땡이를 칠 리가 없어.'

13 Rescuing a child from a well, the firefighter broke his arm.
아이를 우물에서 구조하면서 그 소방관은 팔이 부러졌다.

14 Bought five years ago, these jeans are out of fashion now.
5년 전에 구매되어서, 이 청바지는 지금 구식이다.

15 Having walked several miles, I had sore feet from my new shoes.
몇 마일을 걸은 후에, 나는 새 신발로부터 발병이 났다.

UNIT **20** 분사구문의 의미상 주어

1 Sandra losing the game, her coach was really upset.
Sandra가 그 경기를 졌기 때문에, 그녀의 코치는 정말로 화가 났다.

2 Stanley watching his smartphone, Jennifer was putting on her makeup.
Stanley가 그의 스마트폰을 보는 동안, Jennifer는 화장을 하고 있었다.

3 Charlie arriving by 8 p.m., we will begin our meeting on time.
만약 Charlie가 오후 8시까지 도착하면, 우리는 제시간에 미팅을 시작할 것이다.

4 The moon rising tonight, our simultaneous attack will begin again.
오늘밤 달이 떠오를 때, 우리의 동시공격이 다시 시작될 것이다.

5 The weather being fine, we will see a beautiful aurora tonight.
날씨가 맑으면, 우리는 오늘 밤에 아름다운 오로라를 보게 될 것이다.

6 There being no space, Marta couldn't park at the mall.

공간이 없었기 때문에, Marta는 몰에서 주차를 할 수 없었다.

7 Diana being sick, her boyfriend cooked the soup for her.

Diana가 아파서, 그녀의 남자친구는 그녀를 위해 수프를 요리했다.

8 It raining cats and dogs outside, we have no choice but to stay inside.

밖에 비가 매우 많이 오고 있기 때문에, 우리는 실내에 머무를 수밖에 없다.

9 They talking out loud for 30 minutes, he didn't hear any of their words.

그들이 30분 동안 큰 소리로 얘기했음에도 불구하고, 그는 그들의 어떤 말도 듣지 않았다.

10 Jerry not running away now, Tom will immediately catch him.

Jerry가 지금 도망가지 않으면 Tom이 즉시 그를 잡을 것이다.

11 Life being unpredictable, we don't know what lessons it will suddenly give us.

인생은 예측불가능하기 때문에 우리는 인생이 갑자기 어떤 교훈을 줄지 모른다.

12 "Jake's mom saying he had left home as usual, Jake didn't show up at the station nor at school."

'Jake의 엄마가 그가 평상시처럼 집을 떠났다고 말씀하셨는데도, Jake는 역에도 학교에도 나타나지 않았어.'

13 <u>Ricky</u> <u>being</u> more handsome than you, you are much better than him.

Ricky가 너보다 더 잘 생겼더라도, 네가 그보다 훨씬 더 낫다.

14 <u>You</u> <u>not</u> <u>having</u> <u>brought</u> an identification, we can't deal with your request.

네가 신분증을 가져오지 않았기 때문에, 우리는 너의 요청을 처리해줄 수 없다.

15 Global economy <u>being</u> unstable, we have difficulty <u>preparing</u> for the future.

세계 경제가 불안정하기 때문에 우리는 미래를 준비하는데 어려움을 겪는다.

UNIT **21** 비인칭 독립분사구문

1 Considering her talent, Olga should become a potter.

그녀의 재능을 고려했을 때, Olga는 도예가가 되어야 한다.

2 Frankly speaking, Frank is too frank to work with.

솔직히 말하자면, Frank는 너무 솔직해서 함께 일할 수 없다.

3 Generally speaking, he is too old for her to marry.

일반적으로 말하자면, 그는 그녀가 결혼하기엔 나이가 너무 많아.

4 Strictly speaking, the car accident was neither of their faults.

엄격히 말하자면, 그 차 사고는 그들 중 누구의 잘못도 아니었다.

5 Speaking of Rie, she is head of her household.

Rie에 대해 말하자면, 그녀는 가장이다.

6 Honestly speaking, I am much more handsome than you.

솔직히 말해서, 내가 너보다 훨씬 잘생겼어.

7 Judging from her accent, she must be from somewhere in Scotland.

그녀의 악센트로 판단하건대, 그녀는 스코틀랜드 어딘가의 출신임에 틀림 없어요.

8 Considering his manners, he must have been brought up by polite parents.

그의 예의바름을 고려했을 때, 그는 예의 바른 부모님에 의해 양육되었음이 틀림없다.

9 A: Will there be anymore earthquakes?

B: Judging from the data we collected, some aftershocks will follow.

A: 지진이 더 있을까요?

B: 우리가 수집한 자료로 판단컨대, 여진들이 좀 뒤따를 것입니다.

10 Strictly speaking, it will be almost impossible to find a cure for cancer within 10 years.

엄밀히 얘기하면, 10년 안에 암에 대한 치료법을 찾는 것은 거의 불가능할 것이다.

11 A: Roughly speaking, I need about 50,000,000 won to buy the car.

B: As far as I know, the car costs about 52,000,000 won.

A: 대략적으로 말하자면, 나는 그 차를 사기 위해서 5천만원이 필요해.

B: 내가 알기로 그 차는 약 5천 2백만원인데.

12 "Considering all the circumstances, something bad might have happened to Jake!"

'모든 상황을 고려해보면, 뭔가 안 좋은 일이 Jake에게 벌어졌을지도 몰라!'

13 <u>Frankly[Honestly]</u> <u>speaking</u>, Nanazzang is not Japanese. She is Korean.

솔직히 얘기하면, 나나짱은 일본인이 아닙니다. 그녀는 한국인입니다.

14 <u>Generally</u> <u>speaking</u>, women live longer than men.

일반적으로 말하자면, 여자들은 남자들보다 더 오래 산다.

15 <u>Judging</u> <u>from</u> your dream to be a president, you seem to be ambitious.

대통령이 되고자 하는 너의 꿈으로 판단해 보건대, 너는 야망이 있는 듯이 들린다.

Chapter 07 / 관계사

UNIT 22 관계대명사의 쓰임

1 I know a singer who plays the drum well.
나는 드럼을 잘 연주하는 가수를 알고 있다.

2 The singer whose song is romantic looks ugly.
노래가 낭만적인 그 가수는 못생겼다.

3 My friends tease the singer whom I love very much.
내 친구들은 내가 아주 많이 사랑하는 그 가수를 놀린다.

4 Son: Mom! Did you see the shirt which I purchased yesterday?
아들: 엄마! 어제 제가 산 셔츠 봤어요?

5 Mom: Which one? You mean the one which has Superman on it?
엄마: 어떤 것? 슈퍼맨 있는 거 말하는 거니?

6 Son: No. It is the shirt of which the color is deep blue.
아들: 아니요, 그것은 색상이 짙은 파랑인 셔츠에요.

7 I've always wanted to live in a country that guarantees freedom.
나는 항상 자유가 보장되는 나라에 살고 싶었습니다.

8 We're looking for a female that has a special talent for playing the drums.
우리는 드럼 연주에 특별한 재능이 있는 여성을 찾는 중입니다.

9 On the Internet, you can be anything that you want.
인터넷에서 당신은 원하는 무엇이든지 될 수 있습니다.

10 A: I am going to buy a hard disk (which) my cousin has used for three years.
B: Is your cousin a man or a woman?
A: 나는 내 사촌이 3년 동안 사용해온 하드디스크를 살 거야.
B: 네 사촌이 남자니, 여자니?

11 The woman who(m) he employed always complains about her salary.
그가 고용한 그 여자는 항상 급여에 대해 불평한다.

12 After school, everybody was watching a breaking news story on TV. A man wearing a blue mask on his face was speaking, and next to him there was a hostage he had tied to a chair. It was Jake!
방과 후에, 모두들 TV에서 뉴스속보를 보고 있었다. 파란색 마스크를 쓰고 있는 어떤 남자가 말하는 중이었고, 그의 옆에는 그가 의자에 묶어놓은 어떤 인질이 있었다. 그건 Jake였다!

13 I couldn't approach the girl <u>whose</u> boyfriend was a football player.
나는 남자친구가 미식축구선수였던 그녀에게 접근할 수 없었다.

14 Chicken is great; it gives you energy <u>which[that]</u> can be used to order it again.
치킨은 위대하다; 그것은 너에게 다시 주문할 수 있는 에너지를 준다.

15 To our Latin dance club, Charles brought a friend <u>who(m)</u> we had met before at a dance competition.
우리 라틴댄스 동아리에, Charles가 전에 우리가 어떤 댄스대회에서 만난 적이 있던 한 친구를 데려왔다.

UNIT 23 관계대명사의 계속적 용법

1 I have two sons who are doctors.
나는 의사인 두 아들이 있다. (아들이 더 있을 수도 있음)

2 I have two sons, who are doctors.
나는 두 아들이 있는데, 그들은 의사이다.

3 The apples which I bought on Monday are rotten.
내가 월요일에 산 사과들은 썩었다. (다른 날 사과들은 안 썩었음)

4 The apples, which I bought on Monday, are rotten.
나는 월요일에 사과들을 샀고, 그것들은 썩었다.

5 They decided to go for a walk, which was very unusual.
그들은 산책을 가기로 결정했는데, 이는 굉장히 드문 일이다.

6 Dongchae passed the final exam, which surprised everyone.
동채는 기말고사를 통과하였는데, 이는 모두를 놀라게 했다.

7 My friend Lupin is a famous police officer, who has caught many thieves.
내 친구 Lupin은 유명한 경찰인데, 그는 많은 도둑들을 잡았다.

8 Karen bought some eggs, which would be used for cooking omelets.
Karen은 달걀 몇 개를 샀는데, 그것들은 오믈렛을 요리하는데 사용되기로 했다.

9 I tried to move the piano alone, which I found impossible.
난 그 피아노를 혼자 옮기려고 시도했지만, 그것이 불가능하다는 것을 알게 되었다.

10 The new role-playing game won't be released this month, which upsets me.
그 새로운 롤플레잉 게임은 이 달에 출시되지 않을 것이고, 그것은 나를 속상하게 했다.

11 Gary met a man in the supermarket near his apartment, who was a famous hockey player.
Gary가 그의 아파트 근처 슈퍼마켓에서 한 남자를 만났는데, 그 사람은 유명한 하키 선수였다.

12 It was a video the man recorded and sent to the TV station to blackmail Flashman, who was now staring at the TV with fury burning in his eyes!

그것은 그 남자가 Flashman을 협박하기 위해 녹화하고 방송국으로 보냈던 비디오였고, Flashman은 이제 그의 눈에 분노가 불타는 채로 TV를 노려보고 있었다!

13 Michelle swallowed two blueberry muffins, which were stale.

Michelle은 블루베리 머핀 두 개를 삼켰는데, 그것들은 신선하지 않았다.

14 Mr. Anderson let his two students leave school early, who had fevers.

Anderson 씨는 두 명의 학생들을 조퇴시켰는데, 그들은 열이 났다.

15 The credit card is in my wallet, which you can find on the kitchen table.

신용카드는 내 지갑에 있어, 그리고 그것은 네가 식탁 위에서 찾을 수 있어.

UNIT 24 관계부사 where

1 This is the theater where the terrorist attack happened.

이 곳은 테러가 일어난 극장이다.

2 A: Do you remember this place?

B: Of course. This is the PC café where we met for the first time.

A: 이 장소 기억해요?

B: 당연하지. 여기는 우리가 처음 만났던 PC방이잖아요.

3 Do you know a swimming pool where I can swim with my dog?

너는 내가 강아지와 함께 수영할 수 있는 수영장을 알고 있니?

4 Doing what you love is where happiness lives.

네가 사랑하는 것을 하는 것이 행복이 살고 있는 곳이다.

5 Jeff wants to live in a house in which he can grow trees and flowers.

Jeff는 나무와 꽃들을 키울 수 있는 집에서 살고 싶어 한다.

6 The masked man said, "Don't try to find out the place where I am."

그 마스크를 쓴 남자는 말했다, "내가 있는 장소를 찾으려 애쓰지 마라."

7 Home is the place where you can always return.

집은 네가 언제나 돌아올 수 있는 곳이다.

8 Dean sat on the bench where he used to sit with his ex-girlfriend.

Dean은 그가 그의 전 여자친구와 앉곤 했던 벤치에 앉았다.

9 Hyemi brought me to an antique shop where we could enjoy a unique British atmosphere.

혜미는 독특한 영국 분위기를 즐길 수 있는 어떤 골동품 가게로 나를 데려갔다.

10 Mom laid the wet blanket on a clothesline in the yard where it can dry quickly under the sun.

엄마는 그 젖은 담요를 햇빛 아래에서 빨리 마를 수 있는 마당의 빨랫줄에 놓으셨다.

11 Professor Avril arrived in a village where vampires and werewolves lived together.

Avril 교수는 흡혈귀들과 늑대인간들이 함께 사는 마을에 도착했다.

12 The old soldiers visited the battlefield where they had fought for their country in 1950.

늙은 군인들은 1950년에 그들의 나라를 위해 싸웠던 전장에 방문했다.

13 Laura works in a café where she can use free Wi-Fi.

Laura는 그녀가 무료 와이파이를 사용할 수 있는 카페에서 일한다.

14 Argentina is the country in which Pope Francisco was born.

아르헨티나는 교황 프란치스코가 태어난 나라이다.

15 There is a special school where dogs are trained to become guide dogs for the blind.

시각 장애인들을 위한 안내견이 되게 하기 위해 개들을 훈련시키는 특별한 학교가 있다.

UNIT 25 관계부사 why

1 Tell me the reason why you became a monk.

당신이 스님이 된 이유를 말해줘요.

2 Can you explain the reason why we need such a large budget?

우리가 그렇게 큰 예산이 필요한 이유를 설명해줄 수 있니?

3 What is the reason (why) he treats me harshly?

그가 나를 모질게 대하는 이유가 무엇이니?

4 The reason why the old lady was arrested is not clear.

그 노부인이 체포된 이유가 명확하지 않다.

5 The Smiths never told us the reason for which they moved away.

Smith 가족은 그들이 떠난 이유를 우리에게 절대 말하지 않았다.

6 Batman wanted to know the reason why Iron Man had better suits.

Batman은 Iron Man이 더 나은 옷을 가진 이유를 알고 싶어 했다.

7 The meteorologist explained the reason why it rained little this summer.

기상학자는 이번 여름에 비가 거의 안온 이유를 설명했다.

8 The reason why worry kills more people than work is that more people worry than work.

걱정이 일보다 더 많은 사람들을 죽이는 이유는 더 많은 사람들이 일보다 걱정을 더 많이 하기 때문이다.

9 Albert is explaining to her daughter why she can't ride her bicycle after sunset.

Albert는 그의 딸에게 그녀가 일몰 후에 자전거를 타면 안 되는 이유를 설명하고 있다.

10 A: How did the job interview go?
B: They didn't hire me without telling me the reason why I wasn't accepted.

A: 구직면접 어떻게 되었어? B: 그들은 내가 받아들여지지 않는 이유를 말해주지도 않고서 나를 고용하지 않았어.

11 "The only person whom I'm interested in is Flashman! He is the reason why I'm doing this."

"내가 관심 있는 유일한 사람은 Flashman이다! 그가 내가 이 일을 하는 이유이다."

12 Yesterday is the past, tomorrow is the future, but today is a gift. That's why it's called the present.

어제는 과거이고, 내일을 미래이지만, 오늘은 선물이다. 그것이 바로 우리가 오늘을 현재(선물)이라고 부르는 이유이다.

13 Do you know the reason <u>why</u> she canceled her birthday party?

너는 그녀가 왜 생일파티를 취소했는지 아니?

14 Samuel wanted to know the reason <u>for which</u> he got excluded from the team.

Samuel은 그가 팀에서 배제된 이유를 알고 싶었다.

15 The cable guy is trying to find out <u>why</u> the Internet connection in this neighborhood fails frequently.

그 케이블TV 기사는 이 동네에서 인터넷연결이 자주 끊기는 이유를 알아내려고 애쓰는 중이다.

UNIT 26 관계부사 when

1 March is the month when everything comes alive.

3월은 모든 것들이 활기를 띠는 달이다.

2 A: How do you know (the time) when the bus arrives here?
B: Thanks to the bus app.

A: 당신은 버스가 여기에 오는 시간을 어떻게 알고 있지요?
B: 버스 앱 덕분이죠.

3 There may soon come a time (when) all work is done by robots.

모든 일이 로봇들에 의해 행해지는 때가 곧 올지도 모른다.

4 How can I forget the day when we visited the Mozart Museum?

내가 어떻게 우리가 모차르트 박물관에 갔던 날을 잊을 수 있겠니?

5 I had a huge accident on the day on which I first rode my bike.

나는 처음 자전거를 탄 날 큰 사고를 당했다.

6 The coolest thing is when you don't care about being cool.

가장 멋진 것은 당신이 멋진 것에 대해 신경 쓰지 않을 때이다.

7 When you reach the top, that's when the climb begins.

당신이 정상에 도착할 때, 그때가 등산이 시작되는 때이다.

8 I miss last winter vacation when we saw penguins in Africa.

난 우리가 아프리카에서 펭귄을 본 지난 겨울 방학이 그립다.

9 Every morning when I'm really tired, my dad drags me out of bed.

내가 정말로 피곤한 매일 아침에, 우리 아빠는 나를 침대에서 끌어내신다.

10 My favorite day of the week is Friday when the weekend is about to begin.

내가 일주일 중 가장 좋아하는 요일은 주말이 막 시작하는 금요일이다.

11 The two most important days in your life are the day when you are born, and the day when you find out why.

인생에서 가장 중요한 두 날은 당신이 태어난 날과 왜 태어났는지를 알게 되는 날이다.

12 "Flashman, do you remember the day when you put out the fire in your school? That was my artwork, and you disturbed my job. I was going to put out the fire myself and become a new hero!"

"Flashman, 네가 학교에 난 불을 껐던 그 날을 기억하나? 그건 나의 예술작품이었는데, 네가 나의 작업을 방해했지. 내가 그 불을 몸소 끄고 새로운 영웅이 되려 했었다!"

13 Grandpa still remembers the day <u>when</u> he first met Grandma.

할아버지는 그가 할머니를 처음 만난 날을 여전히 기억하신다.

14 This picture was taken in those days <u>in which</u> color photography was rare.

이 사진은 칼라사진술이 드물었던 시대에 찍혔다.

15 An economic recession is <u>when</u> your neighbor loses his job. An economic depression is <u>when</u> you lose yours.

경기후퇴는 당신의 이웃이 그의 직업을 잃을 때이다.
경제침체는 당신이 당신의 직업을 잃을 때이다.

1 The model told us how she lost weight.
그 모델은 우리에게 그녀가 살을 뺀 방법을 말해줬다.

2 They wondered how the burglar broke into their house.
그들은 강도가 그들의 집에 침입한 방법을 궁금해 했다.

3 The hacker never revealed the way[how] he cracked the system.
그 해커는 그가 그 시스템에 침입한 방법을 절대 드러내지 않았다.

4 No one knows how Mary Poppins flew with her umbrella.
어느 누구도 Mary Poppins가 우산을 가지고 날았던 방법을 모른다.

5 This recipe is how my grandmother used to make rice cake.
이 요리법은 우리 할머니께서 떡을 만드시던 방법이다.

6 We want to know the way in which he found the path in the forest.
우리는 그가 숲 속에서 길을 찾았던 방법을 알고 싶다.

7 Richard shared the way he forms close relationships with the elderly.
Richard는 그가 노인들과 친밀한 관계를 형성하는 방법을 공유했다.

8 Pet: How you treat me is wrong. Show your respect to me!
애완동물: 당신이 나를 대하는 방법은 잘못되었어요. 나를 존중하세요!

9 I asked him the way I can block spam messages on my phone.
나는 그에게 내 전화에서 스팸 메시지를 막을 수 있는 방법을 물어봤다.

10 Life is 10% what happens to you and 90% how you react to it.
삶은 당신에게 일어나는 일 10%와 당신이 그 일에 반응하는 방법 90%이다.

11 The staff in the market taught me how I could recharge a transportation card.
마켓 직원이 나에게 교통카드를 재충전 하는 방법을 알려주었다.

12 "I don't know who you really are but I know this boy is a friend of yours. So that's how I will catch you."
"나는 네가 정말 누구인지는 모르지만 이 소년이 너의 친구라는 것은 알고 있지. 그래서 그게 내가 너를 잡을 방법이다."

13 Smartphones are changing <u>how</u> people shop.
스마트폰은 사람들이 쇼핑하는 방식을 바꾸고 있다.

14 Sumi's teacher does not like <u>the way</u> she behaves.
수미의 선생님은 그녀가 행동하는 방식을 좋아하지 않는다.

15 The website says <u>how</u> you can remove stains from your white shirts.
그 웹사이트는 당신의 하얀 셔츠 위의 얼룩을 제거하는 방법을 알려준다.

Chapter 08 / 비교급

1 The older we grow, the wiser we become.
우리는 나이를 먹을수록 더 현명해진다.

2 The less I see him, the more I like him.
그를 덜 보면 볼수록, 그가 더 좋아진다.

3 The richer you become, the greater your worries.
더 부자가 될수록 걱정은 더 커진다.

4 A: When should I start?
B: The earlier (you start), the better (it is).
A: 언제 시작할까요?
B: 빠를수록 더 좋습니다.

5 The more stressed she gets, the more desserts she eats.
그녀는 스트레스를 받을수록 더 많은 후식을 먹는다.

6 The faster she talked, the more perplexed I became.
그녀가 더 빠르게 이야기할수록, 난 더 당황하게 되었다.

7 The fewer years you study, the more years you will work.
더 적은 시간 공부할수록, 당신은 더 많은 시간 일하게 될 것이다.

8 The smaller an electronic device is, the more expensive it is.
전자기기가 더 작을수록 더 비싸다.

9 The more difficult a situation is, the stronger my will becomes.
상황이 더 어려워질수록, 나의 의지는 더 강해진다.

10 My husband thinks the more he pays, the better the quality is.
내 남편은 그가 더 많이 지불할수록, 품질이 더 좋다고 생각한다.

11 The more my dad works, the less time he spends with my family.
아빠가 더 많이 일할수록, 그가 우리 가족과 함께하는 시간은 더 적어진다.

12 "The faster you do as I demand, the less painful of an experience your friend will go through."

"네가 더 빨리 내가 요구하는 대로 할수록, 네 친구는 덜 고통스러운 경험을 겪게 될 것이다."

13 The sunnier the weather is, the more crops we have.
햇볕이 많으면 많을수록, 우리는 더 많은 작물을 갖는다.

14 The plainer a design is, the more widely it is used.
어떤 디자인이 더 평범할수록, 그것은 더 폭넓게 사용된다.

15 He has eleven dogs to protect his house. The more dogs he has, the safer he feels.
그는 그의 집을 보호하기 위해 개 11마리를 갖고 있다. 개가 더 많을수록 그는 더 안전하다고 느낀다.

UNIT 29 비교급 and 비교급

1 I think it is getting colder and colder.
날씨가 점점 추워지고 있는 거 같아.

2 Dominique drove faster and faster to get away.
Dominique은 도망치기 위해 점점 빠르게 운전했다.

3 Why are people becoming more and more lonely?
왜 사람들은 점점 더 외로워지고 있나요?

4 The balloon got bigger and bigger and then burst.
그 풍선은 점점 더 커졌고 그러고 나서 터졌다.

5 He talks more and more slowly as he feels displeased.
그가 화날 땐, 점점 말을 느리게 한다.

6 As she grows older, she gets more and more beautiful.
그녀가 더 나이가 들수록, 그녀는 점점 더 아름다워진다.

7 Life in the modern world is becoming more and more complex.
현대 세계의 삶은 점점 더 복잡해지고 있다.

8 Your responsibilities will become heavier and heavier once you have children.
네가 아이들을 가지고 나면, 너의 책임감은 점점 무거워질 거야.

9 As the big day approached, we grew more and more nervous.
그 중요한 날이 다가올수록, 우리는 점점 더 초조해졌다.

10 Although it's almost end of the summer, the weather is getting hotter and hotter.
여름이 거의 끝나감에도 불구하고, 날씨는 점점 더워지고 있다.

11 As the rumor spreads, more and more reporters are interviewing the movie star.
그 소문이 퍼져감에 따라서, 점점 더 많은 기자들이 그 영화배우와 인터뷰를 하고 있다.

12 "I'm Aquabsolute who can control water. I'll make your friend feel more and more pain until you take off your mask and reveal your identity on TV."
"나는 물을 다스릴 수 있는 Aquabsolute이다. 나는 네가 가면을 벗고 너의 정체를 TV에서 밝힐 때까지 네 친구가 더욱 더 고통을 느끼게 만들 것이다."

13 Things are getting worse and worse.
상황이 점점 나빠지고 있다.

14 As time goes by, my memory is getting more and more accurate.
시간이 흘러감에 따라서, 나의 기억력은 점점 더 정확해지고 있다.

15 As the cyclist neared the finish line, he pedaled harder and harder.
그 자전거 선수가 결승선에 가까워지면서, 그는 점점 더 세차게 페달을 밟았다.

UNIT 30 비교급 라틴계

1 Andrea is senior to me by six years.
Andrea는 나보다 6년 선배이다.

2 All her colleagues are junior to her.
모든 그녀의 동료들은 그녀보다 후배이다.

3 Her father's death was prior to her marriage.
그녀의 아버지의 죽음은 그녀의 결혼 전에 일어났다.

4 I prefer public transportation to driving a car.
나는 운전하는 것보다 대중교통을 선호한다.

5 The constitution is superior to all other laws.
헌법은 다른 어떤 법들보다 우위에 있다.

6 My sister is three years junior to me.
나의 여동생은 나보다 3살 어리다.

7 The first product is inferior to the updated version.
첫 번째 제품이 업데이트된 버전보다 열등하다.

8 The man (who is) wearing a hat is actually ten years senior to me.
그 모자를 쓰고 있는 남자가 실제로 나보다 10살 많다.

9 Sam is junior to Ted, but they are the best friends.
Sam이 Ted보다 아래 학년이지만, 그들을 최고의 친구들이다.

10 Jack is superior to Mike in intelligence, but inferior in diligence.
지능 면에서 Jack이 Mike보다 우등하지만, 성실도 면에서는 열등하다.

11 Even though they put in a lot of effort, the new product is inferior to their last model.
비록 그들이 많은 노력을 기울였음에도 불구하고, 그 새로운 제품은 그들의 지난 모델보다 열등하다.

12 "I intend to show that I'm superior to you in front of the world. Ha! Ha! Ha!"

"나는 세상 앞에서 내가 너보다 우월하다는 것을 보여줄 것이다! 하! 하! 하!"

13 She is superior to me in every way.

그녀는 모든 면에서 나보다 우수하다.

14 Behave yourselves. We're senior to you. Got that?

예의 바르게 행동해라. 우린 너희보다 선배야. 그거 알겠어?

15 I prefer following his way to doing things in my own way.

나는 나만의 방식으로 무엇을 하기보다 그의 방식을 따라가는 것을 선호한다.

Chapter 09 / 접속사

UNIT **31** (al)though = even though

1 Although the cake does not look nice, it is tasty.

케이크가 볼품은 없지만, 맛있다.

2 Though he is very short and fat, he is swifter than me.

비록 그가 키가 매우 작고 뚱뚱하지만, 그는 나보다 더 민첩하다.

3 We found a table even though the café was crowded.

그 카페가 붐볐을지라도 우리는 테이블을 발견했다.

4 Even though I'm in love, sometimes I get so afraid.

내가 사랑에 빠져있을 지라도, 때때로 나는 매우 두려워져요.

5 Although I liked the hooded T-shirt, I decided not to buy it.

그 후드티가 맘에 들었지만, 나는 그것을 사지 않기로 결심했다.

6 Though I know it's impossible, I really want to live in Antarctica.

그게 불가능하다는 것을 알지만, 나는 정말 남극대륙에서 살고 싶다.

7 Even though the ring is scratched up, it means everything to me.

그 반지가 흠집이 났을지라도 그것은 나에게 전부를 의미해.

8 Although Anderson is allergic to animal fur, he adores cats and dogs.

비록 Anderson은 동물 털 알레르기가 있지만, 그는 고양이와 강아지들을 매우 좋아한다.

9 Even though I had never met her before, I recognized her from a photograph.

비록 내가 전에 그녀를 만난 적이 없지만, 나는 그녀를 사진 속에서 알아봤다.

10 Although Hose is a terrible actor, many people like him because of his appearance.

비록 호세는 형편없는 배우지만, 많은 사람들은 그의 외모 때문에 그를 좋아한다.

11 I will go shopping even though my mom canceled my credit card. I have my dad's!

비록 엄마가 내 카드를 정지시켰지만 나는 쇼핑을 하러 갈 것이다. 아빠 카드가 있으니까!

12 Although the man in the blue mask wanted to keep his location secret, Andrew was able to see where he was.

비록 그 파란가면을 쓴 남자는 자신이 있는 장소를 비밀로 하고 싶었지만, Andrew는 그가 어디 있는지를 알 수 있었다.

13 Alex loves to collect Barbie dolls even though he is a boy.

Alex는 비록 그가 남자일지라도 바비 인형 수집하기를 좋아한다.

14 Although Mariah majored in mathematics, she is poor at simple calculations.

비록 Mariah가 수학을 전공했지만, 그녀는 단순한 계산들을 못한다.

15 Unfortunately, James will not walk again, though he has regained consciousness.

불행히도, James는 의식을 회복할지라도, 다시는 걷지 못할 것이다.

UNIT **32** until/unless

1 We have to wait until he arrives.

우리는 그가 올 때까지 기다려야만 해.

2 Don't expect to attain success unless you're willing to work hard.

기꺼이 열심히 일하지 않을 것이라면, 성공을 얻을 기대는 하지 마라.

3 I thought that air was free until I bought a bag of chips.

내가 과자 한 봉지를 사기 전까지 나는 공기가 공짜인줄 알았다.

4 We had lived there till the building was rebuilt.

우리는 그 건물이 재건축되었을 때까지 저기에 살았었다.

5 Nothing will happen unless we dream.

우리가 꿈꾸지 않으면 어떤 것도 일어나지 않을 것이다.

6 Gollum pretended to be nice until Legolas let down his guard.

골룸은 레골라스가 방심할 때까지 착한척했다.

7 A: I cannot open the door unless you identify yourself.
B: I am a friend of your mother's. Please open it.
A: 당신이 신원을 밝히지 않는다면 나는 이 문을 열 수 없습니다.
B: 난 네 엄마친구란다. 제발 열어다오.

8 Practice every day until small changes snowball into big changes.
작은 변화들이 큰 변화로 커질 때까지 매일 연습하라.

9 I'll be a captain of this team unless somebody else wants to.
다른 누군가가 원하지 않는다면, 내가 이 팀의 주장을 할 것이다.

10 Sammy waited for Josh until it became midnight. But he never came.
Sammy는 자정이 되었을 때까지 Josh를 기다렸다. 그러나 끝내 그는 오지 않았다.

11 I won't call him back until he apologizes from the bottom of his heart.
나는 그가 진심으로 사과 할 때까지 그에게 전화하지 않을 것이다.

12 It was the abandoned factory where he used to play with Jake until they started elementary school.
그곳은 초등학교에 들어가기 전까지 Andrew가 Jake와 놀았던 버려진 공장이었다.

13 I didn't know she was Ukrainian until[till] she spoke.
나는 그녀가 말하기 전까지 그녀가 우크라이나 사람인 것을 몰랐다.

14 You won't be able to win unless you learn how to lose.
네가 지는 법을 배우지 않는다면, 이길 수 없을 것이다.

15 Hyerim was not allowed to get her ears pierced until[till] she was 13 years old.
혜림은 13세가 될 때까지 귀를 뚫는 것을 허락받지 못했었다.

UNIT 33 once / as long as

1 Once you have hope, anything's possible.
일단 네가 희망을 가지면, 어떠한 것도 가능하다.

2 As long as she is happy, I am happy as well.
그녀가 행복하다면, 나 또한 행복하다.

3 Once China awakens, the world will shake.
중국이 잠에서 깰 때 세계는 요동칠 것이다.

4 I can lend my car as long as you promise not to drive fast.
네가 차를 빠르게 운전하지 않겠다고 약속한다면 나는 내 차를 빌려줄 수 있어.

5 Once you taste lamb, you will give up other meats.
네가 일단 양고기를 맛본다면 너는 다른 고기들을 포기할 것이다.

6 My lion won't bite you as long as you don't get too close.
당신이 너무 가까이 오지 않는 한 내 사자는 당신을 물지 않을 겁니다.

7 Once Skyler reads something, she never forgets it.
일단 Skyler가 뭔가를 읽으면, 그녀는 절대로 잊어버리지 않는다.

8 I will never come back to this shop as long as I'm alive.
내가 살아 있는 한, 이 가게에는 절대 다시 오지 않을 것이다.

9 Once English people tasted tea, it became their favorite drink.
한 번 영국 사람들이 차 맛을 보고 나자, 차는 그들이 가장 좋아하는 음료가 되었다.

10 It does not matter how slowly you go as long as you do not stop. – Confucius
멈추지 않는 한 얼마나 느리게 가는 지는 중요하지 않느니라. - 공자

11 Once the location of Aquabsolute was identified, there was no reason to hesitate.
Aquabsolue의 위치가 밝혀진 한, 망설일 이유가 없었다.

12 As long as you love me, I don't care who you are, where you're from, what you did.
네가 나를 사랑하는 한, 난 네가 누구인지, 어디서 왔는지, 무엇을 했는지 신경 쓰지 않아.

13 Once Sally falls asleep, nothing can wake her up.
일단 Sally가 잠이 들면, 어떤 것도 그녀를 깨울 수 없다.

14 I'll keep going as long as I am physically able to.
내가 신체적으로 할 수 있는 한 나는 계속 나아가겠습니다.

15 Once this train gets going, it can run for 200 years without fuel.
일단 이 기차가 가기 시작하면, 연료 없이도 200년을 달릴 수 있다.

UNIT 34 both A and B / not only A but (also) B

1 The little mermaid lost both her voice and love.
인어공주는 그녀의 목소리와 사랑을 모두 잃었다.

2 The man was not only gentle but also humble.
그 남자는 정중할 뿐만 아니라 겸손하기도 했다.

3 A: Both German and Italian are spoken in Switzerland.

B: I know. French is also spoken there.

A: 독일어와 이탈리어어 모두 스위스에서 말해져.

B: 알아. 프랑스어도 거기서 말해지잖아.

4 Not only her parents but also her little brother is very strange.

그녀의 부모님뿐만 아니라 그녀의 남동생도 매우 이상하다.

5 Both natto and *cheonggukjang* are healthy fermented foods.

나토(일본식 청국장)와 한국식 청국장은 둘 다 몸에 좋은 발효 식품이다.

6 Not only Liu Hong but (also) Liu Min was a ping-pong player.

Liu Hong뿐만 아니라 Liu Min도 탁구 선수였다.

7 Both water skiing and windsurfing are popular activities on Kootenay Lake.

수상스키와 윈드서핑 둘 다 Kootenay 호수에서 인기있는 활동입니다.

8 Not just the volcano eruption but also an earthquake has stricken the country.

화산 분출뿐만 아니라 지진도 그 나라를 강타했다.

9 Are you going to visit both Norway and Sweden during your trip?

당신의 여행 동안 노르웨이와 스웨덴 모두를 방문하실 겁니까?

10 A: Nancy is allergic not only to pizza but also to *jajangmyeon*.

B: It's a good thing that she isn't allergic to chicken.

A: Nancy는 피자뿐만 아니라 자장면 알레르기가 있어.

B: 치킨에 알레르기가 없는 게 다행이다.

11 Not only was it raining all day at the wedding, but also the bride was late.

결혼식에서 하루 종일 비가 왔을 뿐만 아니라 신부도 늦었다.

12 Andrew decided to not only rescue Jake but also defeat Aquabsolute at the same time.

Andrew는 Jake를 구할 뿐만 아니라 동시에 Aquabsolute를 물리치기로 결심했다.

13 Both her car and mine were submerged during the flood.

그녀의 자동차와 내 차 둘 다 홍수 동안에 침수되었다.

14 I do not like students who not only[just] come to class late but also unprepared.

나는 지각을 한데다 수업 준비까지 되지 않은 상태로 오는 학생들을 싫어한다.

15 Not only[just] the students but also the teacher was extremely tired after the school excursion.

학생들뿐만 아니라 선생님도 수학여행 후 극심하게 피곤했다.

1 She is either very stupid or very sly.

그녀는 멍청하거나 교활하거나 둘 중의 하나군요.

2 The terrified panda neither opened his eyes nor moved.

그 겁먹은 판다는 눈을 뜨지도 움직이지도 않았다.

3 A: You should answer with either yes or no.

B: Sorry?

A: 당신은 예, 아니오로만 대답해주셔야 합니다.

B: 뭐라고요?

4 Sarah liked neither Toronto nor Vancouver. She prefers the countryside.

Sarah는 토론토도 밴쿠버도 좋아하지 않았다. 그녀는 시골을 선호한다.

5 Either you run the day or the day runs you.

당신이 하루를 움직이던지 아니면 하루가 당신을 움직입니다.

6 Neither the red one nor the green is available in XX-Large size.

빨간 것이나 초록색도 XX-Large 사이즈는 구할 수가 없습니다.

7 I don't care if the bag is either expensive or cheap. I will get it somehow.

그 가방이 비싸건 싸건 나는 신경쓰지 않는다. 나는 어떻게든 그것을 살 것이다.

8 Lucy was so shocked that she could neither laugh nor cry.

Lucy는 너무 놀라서 웃을 수도 울 수도 없었다.

9 You are either with or against us. You decide, today!

여러분은 우리와 함께 하거나 반대합니다. 결정하십시오, 오늘!

10 Neither he nor she was found guilty of robbery.

그도 그녀도 절도에 대해 유죄로 판결되지 않았다.

11 A: I think you are either reckless or brave.

B: I'll take that as a compliment.

A: 당신은 무모하거나 용감한 것 같아요.

B: 그것을 칭찬으로 받아들이겠습니다.

12 He would either solve both problems at once or get into a serious trouble.

그는 두 문제를 동시에 해결하거나 심각한 어려움에 빠질 것이었다.

13 Neither you nor she knows exactly where the path leads.

당신도 그녀도 그 길이 정확히 어디로 이어지는지 알지 못합니다.

14 Either you or I must have left the water running this morning.

너 또는 내가 오늘 아침에 물을 틀어놓은 게 틀림없다.

15 Don't worry. Neither she nor you will have to clean the bathroom. It's my turn today.

걱정 마. 그녀도 너도 화장실 청소 할 필요가 없을 거야. 오늘은 내 차례거든.

Chapter 10 / 간접의문문

UNIT 36 의문사 있는 간접의문문

1 Do you know where the superstar lives?
넌 그 슈퍼스타가 어디에 사는지 아니?

2 Could you tell me how much the cookies are?
그 쿠키들이 얼마인지 말해 줄 수 있니?

3 Nobody knows when the car accident happened.
그 교통사고가 언제 일어났는지 아무도 모른다.

4 Dog: I wonder whose shoe this is. Hmm... It seems okay to chew.
개: 나는 이게 누구의 신발인지 궁금하다. 음… 씹기에는 괜찮아 보이는데.

5 The police asked the witnesses what the thieves looked like.
경찰관은 목격자들에게 강도들이 어떻게 생겼는지를 물었다.

6 A: Hyeonwoo, I'm calling you to ask when our graduation is.
   B: Uh-oh. It was yesterday.
A: 현우야, 우리 졸업식이 언제인지 물어보려고 전화하는 중이야.
B: 어. 그것은 어제였어.

7 Who do you think will win the fencing match?
펜싱 게임에서 누가 이길 거라고 생각해?

8 Liz wanted to know whom I was taking to the party as my date.
Liz는 내가 누구를 데이트 상대로 파티에 데려갈지 알고 싶어했다.

9 She quietly asked me what I had seen at the haunted house.
그녀는 나에게 내가 귀신이 나오는 집에서 무엇을 봤었는지 조용히 물어보았다.

10 She was unable to answer where she was the night when her husband was murdered.
그녀의 남편이 살해당했던 그날 밤, 그녀는 어디에 있었는지 대답할 수 없었다.

11 Don't know where your kids are in the house? Turn off the Wi-Fi, they'll show up quickly.
당신의 아이들이 집 어디에 있는지 모르나요? Wi-Fi를 끄면 그들은 빠르게 나타날 겁니다.

12 In a flash, our hero Flashman appeared right in front of Aquabsolute, who demand to know how he managed to find him.
순식간에, 우리의 영웅 Flashman은 Aquabsolute 바로 앞으로 나타났고, Aquabsolute는 Flashman이 어떻게 자신을 찾아냈는지 알기를 요구했다.

13 The clown asked me which balloon I wanted to pop.
그 광대는 나에게 어느 풍선을 터뜨리고 싶냐고 물었다.

14 We wonder how Clara has kept her job. None of us think she is a good employee.
우리는 Clara가 어떻게 그녀의 일자리를 지켜왔는지 궁금하다. 우리들 중 아무도 그녀가 좋은 직원이라고 생각하지 않는다.

15 When do you think the bus will come?
버스가 언제 올 것이라고 생각하니?

UNIT 37 의문사 없는 간접의문문

1 Clark asked Lois if she had met Superman.
Clark는 Lois에게 슈퍼맨을 만났었는지 물어보았다.

2 I would like to know if she remembers my name.
난 그녀가 내 이름을 기억하는지 알고 싶어요.

3 We are not sure whether he can beat the champion.
우리는 그가 챔피언을 이길 수 있을지 잘 모르겠다.

4 Jon asked me if I had seen that movie or not.
Jon은 내가 저 영화를 본적이 있는지 없는지 물어보았다.

5 He asked Genie whether or not he could grant his wish.
그는 Genie에게 소원을 들어줄 수 있는지 없는지를 물었다.

6 She wonders whether her father is pleased with the present.
그녀는 그녀의 아버지가 선물에 대해 기뻐하시는지 궁금해 한다.

7 Jessica asked her sister whether she had taken her she lifts.
Jessica는 그녀의 여동생에게 그녀가 키높이 깔창을 가져갔는지 물었다.

8 The real problem is not whether machines think but whether men do.
진정한 문제는 기계가 생각하는지가 아니라 인간이 생각하는지이다.

9 I called my friend in Japan to check if she was fine after the terrible earthquake.
나는 일본에 있는 친구에게 끔찍한 지진 후에 그녀가 괜찮았는지 확인하기 위해 전화를 했다.

10 The part-timer asked me if I had a boyfriend, but I didn't answer him.
그 아르바이트생은 내가 남자친구가 있냐고 물었지만, 나는 그에게 대답하지 않았다.

11 I'm not sure if we can receive a mobile phone signal in the forest.
그 숲에서 우리가 이동전화 신호를 받을 수 있을지 나는 확신하지 못한다.

12 Flashman first asked Jake if he was okay, and then said to Aquabsolute, "You shouldn't have done this."
Flashman은 먼저 Jake에게 괜찮은지 물은 다음, Aquabsolute에게 말했다, "넌 이런 짓을 하지 말았어야 했다."

13 I'm not quite sure if[whether] I'm a pretty boy like people say.
난 사람들이 말하는 것처럼 내가 꽃미남인지 잘 모르겠다.

14 No one can tell if[whether] Shakespeare really wrote his plays or not.
셰익스피어가 정말로 그의 희곡들을 썼는지 아닌지는 아무도 모른다.

15 The researchers are wondering whether or not they can receive a government grant.
연구자들은 그들이 정부보조금을 받을 수 있을지 궁금해한다.

Chapter 11 / 가정법

UNIT **38** 가정법 과거

1 If Monday had a face, I would punch it.
만약 월요일이 얼굴을 갖고 있다면, 난 그것을 칠 텐데.

2 If I were rich, I wouldn't study this book.
내가 부자라면 이 책을 공부하지 않을 텐데.

3 A: What would happen if there were no heaven?
B: There would be no hell, either?
A: 만약 천국이 없다면 무슨 일이 벌어질까?
B: 지옥도 없을까?

4 If Mr. Ferguson was not so lazy, he could find a job quickly.
Ferguson 씨가 그렇게 게으르지 않다면, 그는 곧 직업을 구할 수 있을 텐데.

5 If money grew on trees, we wouldn't need to work.
만약 돈이 나무에서 열린다면, 우리는 일할 필요가 없을 텐데.

6 If it were not for electricity, Iron Man couldn't exist.
만약 전기가 없다면, Iron Man은 존재하지 못할 텐데.

7 Would you know my name if I saw you in heaven?
내가 천국에서 너를 본다면 나의 이름을 알겠니?

8 A: What would you do if you were bitten by a vampire?
B: I would find him and bite him back.
A: 만약 당신이 뱀파이어에 물린다면 어떻게 할 거예요?
B: 그를 찾아내서 다시 물어버릴 거야.

9 A: If she were really, really angry, she wouldn't text me, right?
B: Read the text again. What does it say?
A: 그녀가 정말로 정말로 화난다면 나에게 문자를 하지 않을 텐데. 그렇지?
B: 문자 다시 읽어봐. 뭐라고 쓰여있어?

10 Were I in your shoes, I would be thankful for what I have.
만약 내가 너의 입장이라면, 나는 내가 가진 것에 감사할 것이다.

11 If life were easy, it would be so boring that we wouldn't learn anything from it.
인생이 쉽다면, 인생은 너무나 지루해서 우리는 그것으로부터 어떤 것도 배우지 못할 텐데.

12 "If you were smart enough not to harm my friend, I would forgive you... But now I can't forgive you."
"만약 네가 내 친구에게 해를 끼치지 않을 만큼 영리하다면, 나는 너를 용서할 텐데… 그러나 이제 나는 너를 용서할 수 없다."

13 What would you do if you were a millionaire?
네가 백만장자라면 무엇을 할거니?

14 If you had to choose between money and fame, which one would it be?
돈과 명예 중 하나만 선택해야 한다면, 어떤 것을 선택하겠니?

15 If there were[was] only one guy in this world, would you pick me as your boyfriend?
만약 세상에 남자가 한 명만 있다면, 너는 나를 네 남자친구로 선택할래?

UNIT **39** 가정법 과거완료

1 If it had snowed, we could have gone snowboarding.
눈이 왔더라면, 우리는 스노우보드를 타러 갈 수 있었을 텐데.

2 If he hadn't called me, I wouldn't have been able to make it on time.
만약 그가 나에게 전화하지 않았다면, 나는 제시간에 도착할 수 없었을 것이다.

3 If Aoki had kept playing the violin, she could have become a great performer.

Aoki가 바이올린연주를 계속 했더라면, 그녀는 위대한 연주자가 될 수 있었을 텐데.

4 If Adrian hadn't listened to his coach, he couldn't have won the race.

만약 Adrian이 코치의 말을 듣지 않았더라면, 그는 그 경주를 우승하지 못했을 텐데.

5 Tara wouldn't have slipped and twisted her ankle, if she hadn't run down the stairs.

만약 Tara가 계단에서 뛰어 내려오지 않았다면, 그녀는 미끄러져서 그녀의 발목을 삐지 않았을 텐데.

6 If they had punished their son more sternly, he wouldn't have become spoiled.

그들이 아들을 더 엄하게 벌했더라면, 그는 버릇없이 자라진 않았을 텐데.

7 What would you have done if you had been me?

네가 나였더라면 넌 무엇을 했었겠니?

8 If he had had a good time on the blind date, he wouldn't have gone home so early.

만약 그가 소개팅에서 좋은 시간을 보냈었다면, 그는 그렇게 일찍 집에 가지 않았을 텐데.

9 Had it not been for my sister's interruptions, I could have taken a nap.

만약 내 여동생의 방해가 없었다면, 나는 낮잠을 잘 수 있었을 텐데.

10 If you had told me what would happen in the future, I could have avoided the car accident.

네가 나에게 미래에 어떤 일이 일어날지 말해줬더라면, 나는 차 사고를 피할 수 있었을 텐데.

11 Donna couldn't have run her restaurant so successfully, if she hadn't loved Thai food so much.

Donna가 태국음식을 그렇게 많이 좋아하지 않았더라면, 그녀는 그렇게 성공적으로 그녀의 음식점을 운영하지 못했었을 텐데.

12 "If you had not started the fire and tried to hurt those innocent people, I wouldn't have to punish you. But now, I'll make you regret what you have done!"

"네가 불을 지르고 저 죄 없는 사람들을 다치게 하려고 하지 않았더라면, 나는 너를 벌할 필요가 없었을 것이다. 그러나 이제, 나는 네가 한 일을 후회하게 해 주겠다."

13 <u>If it had been</u> a real jewelry, it would have shone much brighter.

그것이 진짜 보석이었더라면, 그것은 훨씬 더 밝게 빛났을 텐데.

14 I <u>would have donated</u> some items to the food drive, if I <u>had been</u> less busy.

내가 덜 바빴다면, 무료 급식 운동에 몇몇 물품을 기부했을 텐데.

15 <u>Would</u> you <u>have answered</u> "Yes" if I <u>had asked</u> you to rob the bank that night?

내가 너에게 그날 밤에 은행을 털자고 요청했으면, "응"이라고 대답했을 거니?

UNIT 40 I wish + 가정법

1 I love Sydney. I wish I were there right now.

나는 시드니를 사랑한다. 내가 지금 당장 거기 있으면 좋을 텐데.

2 I wish I could wear anything I want.

내가 원하는 어떤 것이라도 입을 수 있다면 좋을 텐데.

3 What a wonderful life I've had! I only wish I had realized it sooner.

얼마나 멋진 삶을 살았던가! 내가 그것을 조금 일찍 깨달았더라면 좋았을 텐데.

4 Qin Shi Huang: I wish (that) I wouldn't die so I could live forever.

진시황: 내가 죽지 않고 평생 산다면 좋을 텐데.

5 I wish Naomi had spent more time with us in recent years.

최근에 Naomi가 좀 더 많은 시간을 우리와 보냈더라면 좋을 텐데.

6 I wish I were special. But I'm a creep. I'm a weirdo.

난 내가 특별하면 좋겠어. 하지만 난 불쾌한 놈이고, 난 별난 놈이야.

7 I wish I had tried harder to resolve the misunderstanding with her.

내가 그녀와의 오해를 푸는 데에 더 애썼더라면 얼마나 좋을까.

8 A: Let's take a coffee break, shall we?
B: I wish I could but I can't.

A: 우리 커피휴식 갖자, 그럴래?
B: 쉴 수 있으면 좋겠는데, 쉴 수가 없어.

9 I wish I had had more freedom to enjoy life and travel the world while young.

내가 젊었을 때 인생을 즐기고 세상을 여행할 수 있는 더 많은 자유가 있었으면 좋았을 텐데.

10 I wish I lived in a world where mosquitos suck fat instead of blood.

나는 모기들이 피 대신에 지방을 빨아먹는 세상에 살고 싶어.

11 I wish she had just told me how she felt about me when I asked her out.

내가 그녀에게 데이트 신청했을 때 그녀가 나에 대해서 어떻게 느끼는지 나에게 그냥 말해주었다면 좋았을 텐데.

12 Aquabsolute answered, "I wish those were enough for your final words on earth because I'm going to destroy you right here, right now!"

Aquabsolute는 답했다, "그것이 지상에서 너의 마지막 남길 말로 충분하길 바란다, 왜냐하면 나는 너를 바로 여기서, 바로 지금 파괴할 것이니까!"

13 I wish Einstein <u>were[was]</u> still alive.
아인슈타인이 아직 살아있다면 좋을 텐데.

14 I wish my parents <u>had</u> <u>allowed</u> me to buy a motorbike.
부모님께서 내가 오토바이를 사도록 허락했다면 좋을 텐데.

15 I wish our children <u>could</u> <u>live</u> in a world free from wars and hatred.
우리 아이들이 전쟁과 증오가 없는 세상에서 살 수 있다면 좋을 텐데.

UNIT **41** as if + 가정법

1 Live each day as if it were your last.
매일을 너의 마지막인 것처럼 살아라.

2 Irene behaved very strangely as if she had been bewitched.
Irene은 마치 마법에 걸렸던 것처럼 매우 이상하게 행동했다.

3 I know every detail of the story as though it were my own story.
나는 그 이야기가 마치 내 이야기인 것처럼 모든 세부 내용을 안다.

4 She looked dizzy, as if she had just gotten off of a roller coaster.
그녀는 마치 그녀가 방금 롤러코스터에서 내렸던 것처럼 어지러워 보였다.

5 Carrie acted as if she weren't a minor.
Carrie는 그녀가 미성년자가 아닌체했다.

6 Nina teaches dance as though she had been a professional dancer.
Nina는 마치 그녀가 전문댄서였던 것처럼 춤을 가르친다.

7 Dave talks as if he knew everything about the accident.
Dave는 그 사건에 대해 모든 것을 알고 있는 것처럼 말한다.

8 Kevin ate as if he were an elephant. He must have been starving.
Kevin은 마치 코끼리처럼 먹었다. 그는 굶주렸음에 틀림없다.

9 Live as if you were to die tomorrow. Learn as if you were to live forever. – Mahatam Gandhi
내일 죽을 것처럼 살아라. 영원히 살 것처럼 배워라. - 마하트마 간디

10 Adam looks as if nothing had happened. He may be dealing with the trauma quite well.
Adam은 마치 아무 일도 일어나지 않았던 것처럼 보여. 트라우마를 꽤나 잘 대처하고 있나봐.

11 They laughed as if they were children again. They looked so happy.

그들은 마치 다시 어린 아이가 된 것처럼 웃었다. 그들은 정말 행복해 보였다.

12 "It's funny that you are acting as if you hadn't done anything wrong. You used your powers this morning not to be late for school. That's using your powers for yourself, isn't it?" he continued.
"네가 마치 잘못한 일이 전혀 없는 듯이 행동하고 있는 것이 웃기구나. 너도 또한 오늘 아침에 학교에 늦지 않으려고 너의 힘을 사용했지. 그건 너 자신을 위해 너의 힘을 사용하는 거잖아, 그렇지 않나?" 그가 계속했다.

13 The detective is looking at me <u>as</u> <u>if[though]</u> I <u>were</u> guilty.
그 탐정은 마치 내가 유죄인 것처럼 나를 보고 있다.

14 The old man talked <u>as</u> <u>if[though]</u> he <u>had</u> <u>been</u> a war veteran.
그 노인은 마치 그가 (더 이전에) 참전용사였던 것처럼 말했다.

15 A: Her eyes look <u>as</u> <u>if[though]</u> she <u>had</u> <u>cried</u> for a long time.
B: In fact, she has an eye infection.
A: 그녀의 눈이 마치 오랫동안 울었던 것처럼 보인다.
B: 사실은 그녀는 눈병이 났다.

Chapter 12 / 주요구문

UNIT **42** 강조의 do

1 Clerk: Oh dear! You do look pretty in this dress.
점원: 어머나! 이 드레스를 입으니 정말 예뻐 보여요.

2 A: You said you would phone me!
B: I did phone you! But you didn't answer.
A: 너 나에게 전화한다고 말했잖아!
B: 나 정말로 전화했어! 그러나 네가 받지 않았다고.

3 She does owe me a lot of money.
그녀는 나에게 정말로 큰 돈을 빚졌다.

4 He did meet the president on the street last week.
그는 지난주에 거리에서 대통령을 정말로 만났다.

5 Micky Mouse does seem like the cutest mouse in the world.
미키마우스는 정말 세상에서 가장 귀여운 쥐인 것처럼 보인다.

6 I did call on her yesterday. However, she said she didn't hear the doorbell.
나는 어제 그녀를 정말 방문했어. 하지만 그녀는 초인종을 못 들었다고 말해.

7 Did you ever think about why Sophia does like to wear only this clothing brand?

넌 Sophia가 왜 이 브랜드 옷만 입고 싶어 하는지 생각해봤니?

8 Turner did get a perfect score on his driver's test.
Turner는 운전면허시험에서 정말로 만점을 받았다.

9 Silence does do good for those who suffer from a lot of stress.
침묵은 많은 스트레스를 겪는 사람들에게 정말로 도움이 된다.

10 I did see a ghost last night! She asked me which colored toilet paper I wanted.
우리는 어젯밤에 귀신을 정말 봤어! 그것이 우리에게 어떤 색깔의 휴지를 원하는지 물었어.

11 This region did benefit from global warming as their crop production increased this year.
이 지역은 올해 작물생산이 증가했기 때문에 지구온난화로부터 정말로 이익을 보았다.

12 Andrew answered, "I do believe I am a good hero. I was concerned about Jake this morning. I use my power only for other people."
Andrew는 답했다, "나는 내가 선한 영웅이라고 정말로 믿는다. 나는 오늘 아침에 Jake에 대해 걱정스러웠다. 나는 내 힘을 오직 다른 사람들만을 위해 사용한다."

13 Some people do hate reptiles. Others do hate rodents.
어떤 사람들은 파충류를 매우 싫어하고 어떤 사람들은 설치류를 매우 싫어한다.

14 She does love her son as much as her parents loved her.
그녀는 그녀의 부모가 그녀를 사랑했던 것만큼 자신의 아들을 매우 사랑한다.

15 Alex did sing well when he performed in front of the judges.
Alex는 심사위원들 앞에서 공연했을 때, 노래를 정말 잘했다.

UNIT 43 It ~ that... 강조 문장

1 It was Yeji that made me *bibimbap* yesterday.
어제 내게 비빔밥을 만들어준 사람은 바로 예지였다.

2 It was *bibimbap* that Yeji made me yesterday.
예지가 어제 내게 만들어준 것은 바로 비빔밥이었다.

3 It was yesterday that Yeji made me *bibimbap*.
예지가 내게 비빔밥을 만들어준 것은 바로 어제였다.

4 It was Napoleon who invented canned food.
통조림을 발명한 사람은 다름 아닌 나폴레옹이다.

5 It is a candy that he gave his daughter to stop her crying.
그의 딸이 우는 것을 멈추기 위해 그가 딸에게 주었던 것은 바로 사탕이다.

6 A: I think I saw your sister yesterday.
B: Oh, it was my mother that you saw yesterday.
A: 어제 너희 언니 본거 같아.
B: 오, 네가 어제 본 것은 바로 우리 엄마야.

7 It was in the library that we quarrelled with each other for the first time.
우리가 처음 말싸움 한 곳은 바로 도서관이었다.

8 It is loneliness that welcomes me when I come back home.
내가 집에 돌아올 때 나를 반기는 것은 바로 외로움이다.

9 It was Gauss that came up with the solution to the puzzling math question.
그 난해한 수학 문제에 대한 답을 생각해 낸 사람이 바로 가우스였다.

10 It is humans that create unpredictable factors in the ecosystem.
생태계에서 예측 불가능한 요인들을 만드는 것은 바로 인간이다.

11 It was in 1988 that my father graduated from middle school.
나의 아빠가 중학교를 졸업한 것은 바로 1988년이었다.

12 "It is you who is a villain since you use your powers only for yourself and to harm others!"
"오직 스스로를 위해, 그리고 다른 이들에게 해를 끼치는 데 너의 힘을 쓰는 악당은 바로 너라고!"

13 It is the humidity that I can't stand.
내가 견딜 수 없는 것은 바로 습기이다.

14 It was on a log bridge that I encountered my enemy.
내가 원수를 우연히 만난 곳은 바로 외나무다리였다.

15 It was a bunch of flowers that Dickson gave Olivia in the park last night.
어젯밤 공원에서 Dickson이 Olivia에게 준 것은 바로 꽃다발이었다.

UNIT 44 so + 동사 + 주어/neither[nor] + 동사 + 주어

1 Homeless: I am hungry.
Passerby: B: So am I.
노숙자: 나 배고파요.   행인: 나도 그래요.

2 Men don't understand women; neither do women.
남자들은 여자들을 이해하지 못하고 여자들도 여자들을 이해하지 못한다.

3 Hiroki is a comic book maniac. So is Ayako.
Hiroki는 만화책 오타쿠(만화광)이다. Ayako도 그렇다.

4 A: I think that the moonlight is beautiful.
B: So do I.

A: 달빛이 아름다운 것 같아요.
B: 저도 그래요.

5 A: Her parents don't want her to marry him.
   B: Neither do his parents.
   A: 그녀의 부모님들은 그녀가 그와 결혼하는 것을 원치 않으셔.
   B: 그의 부모님들도 원하지 않으셔.

6 A: You always drive me crazy.
   B: So do you.
   A: 넌 항상 나를 미치게 만들어.
   B: 너도 마찬가지야.

7 A: Benjamin doesn't like wearing pajamas when he sleeps.
   B: Nor do I.
   A: Benjamin은 잘 때, 잠옷을 입는 것을 좋아하지 않는다.
   B: 나도 안 좋아해.

8 Earth, wind, and fire make a kind of music, and so does the sea.
   흙, 바람, 불은 일종의 음악을 만들어내고, 바다도 그러하다.

9 My dad should eat breakfast in the morning. So should I.
   우리 아빠는 아침에 꼭 아침 식사를 하셔야 한다. 나도 그렇다.

10 Stella wants to become a writer when she grows up. So does her twin sister.
   Stella는 자라면 작가가 되길 원한다. 그녀의 쌍둥이 동생도 마찬가지다.

11 Jennifer doesn't speak softly when she talks on the phone, nor does her mom.
   Jennifer는 전화로 말할 때 부드럽게 말하지 않는데, 그녀의 어머니도 그렇지 않다.

12 Aquabsolute suddenly made a water barrier between Flashman and himself. He then said, "So will you, someday. Didn't the God of Inner Power tell you?"
   Aquabsolute가 갑자기 Flashman과 자기 자신 사이에 일종의 물의 장벽을 만들었다. 그러고는 이렇게 말했다, "너도 마찬가지가 될 거야, 언젠가 말야. 내공의 신이 너에게 말 안했나 보지?"

13 A: I am not into hip hop.
   B: Neither[Nor] am I.
   A: 나는 힙합을 별로 안 좋아해.
   B: 나도 안 좋아해.

14 A: Paju is a really good place to live in.
   B: So is Jeonju.
   A: 파주는 살기에 정말 좋은 곳이야.
   B: 전주도 그래.

15 My wife hasn't washed a single dish for a week, and neither have I.
   내 아내는 일주일 동안 단 한 개의 접시도 설거지한 적이 없고, 나도 그러하다.

1 He listens to music with the TV on.
   그는 TV를 켜놓은 채 음악을 듣는다.

2 Fish sleep with their eyes open.
   물고기는 눈을 뜬 채 잔다.

3 His mother was slicing *tteok* with the lights off.
   그의 어머니는 불을 끈 채 떡을 썰고 계셨다.

4 She was whistling with a pencil in her mouth.
   그녀는 연필을 입에 문 채 휘파람을 불고 있었다.

5 The sky is deep blue with no clouds at all.
   하늘은 구름이 전혀 없는 채로 새파랗다.

6 He was waiting for the bus with a book under his arm.
   그는 책을 겨드랑이에 낀 채 버스를 기다리고 있었다.

7 The baby walked on the grass with his shoes off.
   아기는 신발을 벗은 채로 잔디 위를 걸었다.

8 He was standing behind the door with the cake in his hands.
   그는 손에 케이크를 든 채로 문 뒤에 서 있었다.

9 Amy is saying goodbye to her friends with a smile on her face.
   Amy는 그녀의 얼굴에 미소를 띤 채 그의 친구들에게 마지막 인사를 하고 있다.

10 Thousands of people are rushing to the concert hall with their tickets in their hands.
   수천 명의 사람들이 손에 티켓을 쥔 채 콘서트장으로 질주하고 있다.

11 Jeez. The seven princesses called me from the alley with their hands in their pockets.
   이런. 칠공주가 그들의 손을 호주머니에 넣은 채 골목에서 나를 불렀다.

12 "I know you get your powers from an electromagnetic field. With this water barrier between you and me, you cannot attack me without getting an electric shock by your own superpower!"
   "너의 힘이 전자기장으로부터 나온다는 것을 알고 있다. 너와 나 사이의 이 물의 장벽이 있는 채로, 너 자신의 슈퍼파워에 의한 전기충격을 받지 않고서는 날 공격할 수 없지!"

13 She usually speaks with her mouth full of food.
   그녀는 보통 입에 음식이 가득 찬 채로 말한다.

14 Don't walk down the snowy road with your hands in your pockets.
   너의 손을 주머니에 넣은 채 눈길을 걷지 마라.

15 Seungryong lay down on the bed with his coat on because he was exhausted.
   승룡은 너무 지쳤기 때문에 그의 코트를 입은 채 침대에 누웠다.

1 A: Here is your change.
B: Keep the change.
A: 여기 잔돈이요.
B: 잔돈은 가지세요.

2 There you go again.
저기 네가 또 간다. (또 시작이다)

3 On the doorstep was a bunch of flowers.
문 앞에 꽃 한 다발이 있었다.

4 There sits a yellow dog, waiting for its owner.
노란 개 한 마리가 주인을 기다리며 거기에 앉아있다.

5 A: Where is Wally?
B: There he is.
A: Wally는 어디 있니?
B: 그는 저기 있다!

6 Here is the iced americano you ordered.
주문하신 아이스 아메리카노 여기 있습니다.

7 Beneath the grave was another body.
무덤 아래에서 또 다른 시체가 있었다.

8 There was a farmer who had a dog, and Bingo was his name-o!
개를 갖고 있던 농부가 한 명 있었는데, 빙고는 그의 이름이었다-네!

9 On the table are many dishes of traditional foods.
탁자 위에는 전통음식들이 담긴 많은 접시들이 있다.

10 Far from her house lives her mother-in-law.
그녀의 집에서 먼 곳에 그녀의 시어머니가 사신다.

11 In front of his car lay a huge meteor that just fell from the sky.
막 하늘에서 떨어진 거대한 운석이 그의 차 앞에 놓여있었다.

12 To his mind came the fact that the Earth is round, so Flashman ran the opposite direction all the way around the planet and smacked Aquabsolute on his rear side.
지구가 둥글다는 사실이 생각나서, Flashman은 지구 반대 방향으로 완전히 한 바퀴 돌았고, Aquabsolute를 그의 뒤쪽에서 쳤다.

13 Out the front door <u>came men</u> in black suits.
검은 정장을 입은 남자들이 정문 밖으로 나왔다.

14 On the shoulders of our young men <u>falls military duty</u>.
국방의 의무가 우리 젊은이들 어깨 위에 놓여있다.

15 Allan controlled all his fear and <u>down he jumped</u> into the sky.
Allan은 모든 그의 두려움을 억제하고 하늘로 뛰어내렸다.

1 Never have we heard such a horrible story.
이렇게 끔찍한 이야기를 우리는 들어본 적이 없었다.

2 Rarely will I eat chocolate after dinner.
저녁 식사 후 나는 초콜릿을 거의 먹지 않을 것이다.

3 Seldom do people hear a politician say "Sorry."
사람들은 정치인이 "미안합니다"라고 말하는 것을 거의 듣지 못한다.

4 Never will I work with this selfish brat again.
나는 이 이기적인 녀석과 다시는 함께 일하지 않을 것이다.

5 Hardly could he be tolerant of her behavior.
그는 그녀의 행동에 대해 거의 견딜 수 없었다.

6 Not once did she compliment her son.
그녀는 아들을 한 번도 칭찬하지 않았다.

7 Little did I know that I would be a doctor one day.
언젠가 내가 의사가 될 거라고는 꿈에도 알지 못했다.

8 Not only is Tanya a great dancer but she is also a great singer.
Tanya는 멋진 댄서일 뿐 아니라 그녀는 또한 멋진 가수이다.

9 Hardly do we recognize how significant a hardship is while overcoming it.
우리는 고난을 극복하는 동안에는 그 고난이 얼마나 중요한지 거의 인식하지 못한다.

10 Only after Ben opened the present did he realize how much he loved Cathy.
Ben은 그 선물을 열고 나서야, 그가 Cathy를 얼마나 많이 사랑했는지 깨달았다.

11 No sooner does my grandma say something than she forgets it.
우리 할머니는 어떤 것을 말하자마자 그것을 잊어버리신다.

12 "Never will you threaten my friends again!" thundered Flashman. And so another adventure of our good hero comes to the end.
"절대로 다시는 내 친구들을 위협하지 마라!"라고 Flashman이 소리쳤다. 그렇게 우리의 선한 영웅의 또 하나의 모험이 끝나게 된다.

13 Never <u>have they eaten</u> rabbit meat before.
그들은 전에 단 한 번도 토끼 고기를 먹어본 적이 없다.

14 Hardly <u>does Sally speak</u> English when talking to her parents.
Sally는 그녀의 부모님께 말씀드릴 때는 거의 영어로 말하지 않는다.

15 Not until I watched the CCTV <u>did I discover</u> who stole my wallet.
내가 비로소 CCTV를 보고 난 후, 누가 내 지갑을 훔쳤는지 알아챘다.

구문 활용 독해
꼬리에 꼬리를 무는 문장 ❶
p.38

1 정답 exhaust

해설 very tired(매우 피곤하다)와 동의어는 exhaust(지치게 하다)가 적절하다.

2 정답 ③

해설 Jack과 Andrew는 같이 학교에 가는 지하철을 타기 위해 항상 같이 만나다(We always meet here to take the subway to school together.)고 했으므로 정답은 ③이다.

3 정답 You have been using your inner power not for yourself but for other people.

내공의 신이 Andrew에게 말했다, "저 사람들을 구하는 놀라운 일을 해냈구나! 너는 너의 내공을 스스로가 아닌 다른 사람들을 위해 사용해오고 있다. 다른 슈퍼히어로들은 그들의 힘을 사용하는 데에 너만큼 성공적이지 못해왔다." Andrew는 답했다, "글쎄요, 당신의 충고가 없었다면, 저도 역시 악당이 되었을지도 몰라요. 아… Jake가 그 전투에서 저와 함께 여기 있었어야 했는데… 그가 오늘 아침에 늦잠 잤던 게 틀림없어요. 이상하네요. 저희는 학교에 가는 지하철을 함께 타기 위해 항상 여기에서 만나거든요." 그 신이 말했다, "어쩌면 중간고사에 대비하는 밤샘 공부 때문에 지쳤나 보구나." Andrew는 Jake의 집에 전화를 걸며 "이미 늦었네요. 그에게 벌칙이 주어지겠는데요."라고 말했다 "여보세요." 전화 너머 Jake의 엄마가 응답했다. "안녕하세요, Florrick 부인. 저 Andrew인데요. Jake를 지금 좀 깨우셔야 하겠는데요. 이미 그는 학교에 늦어서, 심각한 벌칙을 받지 않으려면 즉시 나와야 할 거예요." "오, Jake는 평상시처럼 집을 떠났는데, 걔가 역에 제시간에 없었다는 것을 들으니 염려스럽구나. 너희들 매일 거기에서 만나잖아, 그렇지 않니?" Florrick 부인이 답했다. Andrew가 말했다, "아, 알겠어요 아주머니. 학교에서 그를 찾아볼게요. 안녕히 계세요." Andrew는 그 신에게 말했다. "지하철을 타고 제시간에 학교에 가기에는 너무 늦었네요. 즉시 학교에 가서 Jake가 괜찮은지 봐야겠어요. 나중에 봐요." 학교는 역에서 10km 떨어져 있었지만, Andrew는 너무나 빨라서 순식간에 학교에 도착했다. 종이 울리기 바로 전에 교실에 들어갔을 때, Andrew는 왜 Jake가 오지 않았는지 궁금하지 않을 수 없었다.

구문 활용 독해
꼬리에 꼬리를 무는 문장 ❷
p.64

1 정답 ②

해설 '매우 흥분하거나 민감한; 불안하거나 근심스러운'을 의미하므로 ② nervous(불안한)이 적절하다.

2 정답 ⑤

해설 ⓐ선생님 ⓑ Jake ⓒ Andrew ⓓ Jake ⓔ Jake ⓕ 범인 ⓖ Andrew

3 정답 Considering all the circumstances, something bad might have happened to Jake!

선생님께서 교실에 들어오셨다. 그의 학생들을 확인하고 그가 말했다. "Jake가 없구나. Jake가 어디 있는지 아는 사람 있니?" 아무도 답하지 않자, Andrew는 불안하게 느꼈다. 그는 추측했다, '이런 일은 그가 할 일이 아닌데, 이건 그에게 무슨 일이 벌어졌다는 것을 의미해. 학교에 단 한 번도 결석한 적이 없었으므로, 그가 아무런 알림도 없이 땡땡이를 칠 리가 없어. Jake의 엄마가 그가 평상시처럼 집을 떠났다고 말씀하셨는데도, Jake는 역에도 학교에도 나타나지 않았어. 모든 상황을 고려해보면, 뭔가 안 좋은 일이 Jake에게 벌어졌을지도 몰라!'

방과 후에, 모두들 TV에서 뉴스속보를 보고 있었다. 파란색 마스크를 쓰고 있는 어떤 남자가 말하는 중이었고, 그의 옆에는 그가 의자에 묶어놓은 어떤 인질이 있었다. 그건 Jake였다! 그것은 그 남자가 Flashman을 협박하기 위해 녹화하고 방송국으로 보냈던 비디오였고, Flashman은 이제 그의 눈에 분노가 불타는 채로 TV를 노려보고 있었다! 그 마스크를 쓴 남자는 말했다, "내가 있는 장소를 찾으려 애쓰지 마라. 내가 관심 있는 유일한 사람은 Flashman이다! 그가 내가 이 일을 하는 이유이다. Flashman, 네가 학교에 난 불을 껐던 그 날을 기억하나? 그건 나의 예술작품이었는데, 네가 나의 작업을 방해했지. 내가 그 불을 몸소 끄고 새로운 영웅이 되려 했었다! 나는 네가 정말 누구인지는 모르지만 이 소년이 너의 친구라는 것은 알고 있지. 그래서 그게 내가 너를 잡을 방법이다."

29

1 정답 take off

해설 집에 들어갈 때는 신발을 벗어야(take off) 한다.

2 정답 ⑤

해설 가면을 벗고 자신의 정체(identity)를 드러내는 것이 적
절하므로 정답은 ⑤이다.
① 이름 ② 목소리 ③ 갈망 ④ 재능

3 정답 Once the location of Aquabsolute was
identified, there was no reason to hesitate.

"네가 더 빨리 내가 요구하는 대로 할수록, 네 친구는
덜 고통스러운 경험을 겪게 될 것이다. 나는 물을 다스릴
수 있는 Aquabsolute이다. 나는 네가 가면을 벗고 너의
정체를 TV에서 밝힐 때까지 네 친구가 더욱 더 고통을
느끼게 만들 것이다. 나는 세상 앞에서 내가 너보다 우월
하다는 것을 보여줄 것이다! 하! 하! 하!"

비록 그 파란가면을 쓴 남자는 자신이 있는 장소
를 비밀로 하고 싶었지만, Andrew는 그가 어디 있는
지를 알 수 있었다. 그곳은 초등학교에 들어가기 전
까지 Andrew가 Jake와 놀았던 버려진 공장이었다.
Aquabsolute의 위치가 밝혀진 한, 망설일 이유가 없
었다. Andrew는 Jake를 구할 뿐만 아니라 동시에
Aquabsolute를 물리치기로 결심했다. 그는 두 문제를
동시에 해결하거나 심각한 어려움에 빠질 것이었다.

순식간에, 우리의 영웅 Flashman은 Aquabsolute
바로 앞으로 나타났고, Aquabsolute는 Flashman이
어떻게 자신을 찾아냈는지 알기를 요구했다. Flashman
은 먼저 Jake에게 괜찮은지 물은 다음, Aquabsolute에
게 말했다, "넌 이런 짓을 하지 말았어야 했다."

"만약 네가 내 친구에게 해를 끼치지 않을 만큼 영리하
다면, 나는 너를 용서할텐데… 그러나 이제 나는 너를 용
서할 수 없다. 네가 불을 지르고 저 죄 없는 사람들을 다
치게 하려고 하지 않았더라면, 나는 너를 벌할 필요가 없
었을 것이다. 그러나 이제, 나는 네가 한 일을 후회하게
해 주겠다."

Aquabsolute는 답했다, "그것이 지상에서 너의 마지
막 남길 말로 충분하길 바란다, 왜냐하면 나는 너를 바로
여기서, 바로 지금 파괴할 것이니까! 네가 마치 잘못한
일이 전혀 없는 듯이 행동하고 있는 것이 웃기구나. 너
도 또한 오늘 아침에 학교에 늦지 않으려고 너의 힘을 사
용했는데, 그건 너 자신을 위해 너의 힘을 사용하는 거잖
아, 그렇지 않아?" 그가 계속했다.

Andrew는 답했다, "나는 내가 선한 영웅이라고 정말
로 믿는다. 나는 오늘 아침에 Jake에 대해 걱정스러웠다.
나는 내 힘을 오직 다른 사람들만을 위해 사용한다. 오직
스스로를 위해, 그리고 다른 이들에게 해를 끼치는 데 너
의 힘을 쓰는 악당은 바로 너라고!"

Aquabsolute가 갑자기 Flashman과 자기 자신 사이
에 일종의 물의 장벽을 만들었다. 그러고는 이렇게 말했
다, "너도 마찬가지가 될 거야, 언젠간 말이야. 내공의 신
이 너에게 말 안 했나 보지? 너의 힘이 전자기장으로부
터 나온다는 것을 알고 있다. 너와 나 사이의 이 물의 장
벽이 있는 채로, 너 자신의 슈퍼파워에 의한 전기충격을
받지 않고서는 날 공격할 수 없지!"

지구가 둥글다는 사실이 생각나서, Flashman은 지구
반대 방향으로 완전히 한 바퀴 돌았고, Aquabsolute를
그의 뒤쪽에서 쳤다. "절대로 다시는 내 친구들을 위협하
지 마라!"라고 Flashman이 소리쳤다. 그렇게 우리의 선
한 영웅의 또 하나의 모험이 끝나게 된다.

1 정답 ②

해설 as if는 '마치 ~처럼'의 의미로 바르게 연결되어 있지 않
다.

2 정답 ②

해설 Aquabsolute는 Flashman이 잘못한 일이 전혀 없었던
것 처럼 행동하는 것이 웃기다고 하였으므로(It's funny
that you are acting as if you hadn't done anything
wrong.) 올바르지 않은 것은 ②이다.

3 정답 It is you who is a villain since you use your
powers only for yourself and to harm others!

MEMO

내공 중학 영어 구문 **3**